Salvatore Sciannamea

La fonte e il culmine della meraviglia

Salvatore Sciannamea

La fonte e il culmine della meraviglia

La liturgia: azione di Cristo e del Popolo di Dio. Il piano della salvezza offerto nel vincolo della profonda comunione

Edizioni Sant'Antonio

Impressum / Stampa
Bibliografische Information der Deutschen Nationalbibliothek: Die Deutsche Nationalbibliothek verzeichnet diese Publikation in der Deutschen Nationalbibliografie; detaillierte bibliografische Daten sind im Internet über http://dnb.d-nb.de abrufbar.

Informazione bibliografica pubblicata da Deutsche Nationalbibliothek (Biblioteca Nazionale Tedesca): la Deutsche Nationalbibliothek novera questa pubblicazione su Deutsche Nationalbibliografie. Dati bibliografici più dettagliati sono disponibili in internet al sito web http://dnb.d-nb.de.

Coverbild / Immagine di copertina: www.ingimage.com

Verlag / Editore:
Edizioni Accademiche Italiane
ist ein Imprint der / è un marchio di
OmniScriptum GmbH & Co. KG
Heinrich-Böcking-Str. 6-8, 66121 Saarbrücken, Deutschland / Germania
Email / Posta Elettronica: info@edizioni-ai.com

Herstellung: siehe letzte Seite /
Pubblicato: vedi ultima pagina
ISBN: 978-3-639-60627-0

LA FONTE E IL CULMINE DELLA MERAVIGLIA

Dio vuole che tutti gli uomini si salvino e arrivino alla conoscenza della verità(1 Tm 2,4)

PREMESSA

Mi piace ispirarmi a questo disegno dell'artista Michele Ficarazzo nel quale l'amore che cerca di liberarsi dalle insidie del male, usando le sue forze. Nel linguaggio cristiano l'amore è lo stesso Spirito, è attraverso la sua azione che siamo liberati dalle catene del peccato e partecipiamo alle meraviglie di Dio. La liturgia è il luogo spirituale attraverso il quale partecipiamo ai misteri della nostra salvezza, immersi cuore e mente nella rivelazione, partecipando della Gloria di Dio stesso. Liberi per amare, come nel disegno, la liturgia chiede la libertà dal male e l'accoglienza della fede per essere celebrata nel suo mistero salvifico, lontani da esteriorità e sterili ritualismi. La conversione che chiede la liturgia è una vera e propria lotta, un combattimento spirituale che vale la pena affrontare perché è per la vita piena. Reputo importante allora chiamare i nostri lacci per nome e riconoscerli come tali. Tutto ciò che avvinghia l'uomo in schiavitù deve essere strappato perché l'amore sia libero, affinché, fuor di metafora, la vita sia autenticamente spirituale.

Questo testo nasce con il desiderio di legare la liturgia alla vita. Spesso si pensa alla liturgia come un qualcosa per specialisti. Io credo che la domanda da farsi oggi più che celebrare una bella liturgia sia come vivere della liturgia.

Il mondo vive in tanta oscurità, i cuori cercano Dio pur non sapendolo, la sofferenza è oceanica, tanti si sentono perduti ed hanno spento la fiamma della speranza nel proprio cuore. La liturgia porta il Dio celebrato in tutto questo, facendo sì che il Signore diventi pellegrino in mezzo a noi. Se ciò non accade non ci vive la liturgia, ma ci si è fermati alla celebrazione di un rito.

Per gli uomini che attendono, sperano e desiderano mi chiedo: cosa passa loro del mistero dell'avvento? Le celebrazioni sono liturgie di un cuore credente che aspetta cieli nuovi e terre nuove o animi rassegnati che cercano nella preghiera fughe dal reale? Passa la logica della carità cristiana nelle nostre assemblee o quella del giudizio? C'è l'anelito alla gloria ed alla santità con la comprensione di ciò che significano o la rappresentazione di un sentimentalismo religioso? La liturgia porta a comprenderci nella vita come figli o a lasciarci nella notte del peccato? È la consolazione del Cristo presente nella nostra vita o la desolazione dei sensi di colpa del nostro incapacitarci di cambiare le cose? Mi chiedo se la liturgia che è partecipazione alla Bellezza divina aiuti, per come è percepita, a dare valore alla tenerezza di ogni giorno, all'esultanza dei cuori ed al senso della storia.

La liturgia per essere celebrata degnamente chiede la conversione e lo spazio alla fede. Dal Vaticano II la liturgia ha avuto a che fare con il rinnovamento ecumenico, ha dato il tono ad un nuovo approccio pastorale ed è stata la fioritura primaverile dell'identità ecclesiale. Inoltre in essa troviamo la celebrazione delle verità dogmatiche e soprattutto un modo sano di attingere alla spiritualità.

La liturgia è tale quando è incarnata nei poveri, nei deboli ed è anticipazione dell'eredità dei giusti. La luce senza tramonto ci è solo anticipata, ma chiede di essere nutrita dalla vita. La misericordia e la giustizia di Dio passano dalle mani e dal cuore di chi celebra.

INTRODUZIONE

Per liturgia si dovrebbe sempre intendere l'azione di Cristo e del popolo di Dio[1].Tale termine, etimologicamente, dal greco, vuol dire "*azione del popolo a favore del popolo*". Purtroppo fin troppe volte si confonde la liturgia con le cerimonie, con le pie devozioni o con le rubriche che sottolineano il modo, ma non certo il perchè.

Questo testo nasce, con una finalità divulgativa. La liturgia è il cuore dell'esperienza spirituale, è il memoriale della storia della salvezza. Come Cristo ha comunicato[2] in maniera umana e divina insieme così la Chiesa ha una natura teandrica. Attraverso la liturgia siamo immersi, per il dono dello Spirito, negli eventi salvifici. Tutto ciò che è accaduto storicamente, una volta per sempre, viene ripresentato in maniera efficace. Tutto viene vissuto nell'oggi qui ed ora. La liturgia è l'azione di Cristo e della Chiesa nella loro dimensione umana e divina. La Trinità tutta è presente attraverso la liturgia. Nella liturgia la Chiesa riconosce sé stessa, radunata nel nome della Trinità. L'azione liturgica è dunque sempre teandrica, cioè divino-umana[3]. Dio si comunica all'uomo attraverso l'azione sacerdotale di cui Cristo è il vero presidente. Il Popolo di Dio, come ricorda il Concilio, è un popolo sacerdotale. Il sacerdozio comune, che è donato ad ogni battezzato, ha bisogno del sacerdozio istituito affinché mediante la liturgia sia operata la santificazione degli uomini. I sacerdoti sono i sacri ministri che hanno il compito, attraverso le azioni liturgiche, di santificare, per il dono loro affidato attraverso l'imposizione delle mani, il popolo di Dio. È il popolo che celebra, mentre il sacerdote ha la presidenza di tale celebrazione. La celebrazione non è del sacerdote, è del popolo di Dio. Per comprendere questo concetto possiamo riferirci alla processione iniziale in una solenne liturgia eucaristica. L'ingresso solenne indica che dal popolo sacerdotale

[1] Consiglio la lettura di CIPRIANO VAGAGGINI, *Il senso teologico della liturgia,* Paoline, Roma 1965.

[2] ROSINA e LUIGI COSTA, *Gesù comunicatore perfetto,* Effatà, 2010.

[3] Per approfondire AUF DER MAUR H., *Le celebrazioni nel ritmo del tempo-1. Feste del Signore nella settimana e nell'anno,* ELLE DI CI, Torino 1990.

nasce il sacerdozio istituito. Non si spiega l'uno senza l'altro poiché è per il bene di tutta la chiesa che è stato istituito il sacerdozio in quanto ordine sacro.

Nella liturgia il culto di Cristo verso il Padre si unisce all'azione umana di tutto il popolo di Dio. Camminare nella comprensione liturgica allora è intraprendere un itinerario per sperimentare l'amore di Dio per l'uomo. L'azione dell'uomo nella liturgia è azione fondamentalmente di Dio, che attraverso i riti comunica la sua grazia. La liturgia realizza la comunità cristiana donandogli identità. Attraverso la liturgia l'uomo fa esperienza di amore autentico, quell'amore che è Dio stesso[4].

La parte esterna, rituale, serve per lo spirito e permette di passare dal visibile all'invisibile. Siamo così condotti nella vita trinitaria, nella vita intima stessa di Dio. Il Padre è la fonte della benedizione. Gesù realizza la salvezza pasquale attraverso la liturgia. Preparare,attualizzare e fare memoria : è questo che fa lo Spirito Santo nella liturgia. Lo Spirito santifica attraverso la liturgia la Chiesa tutta.

La liturgia è finalizzata al fatto che tutti gli uomini possano incontrare la salvezza poiché questa è la volontà di Dio[5]. La storia della salvezza ha come finalità la salvezza degli uomini poiché questa è la volontà di Dio ed è Cristo che esercita la funzione sacerdotale nella liturgia affinché ciò sia attuato.

L'anno liturgico mette in profonda relazione esigenze umane con i bisogni spirituali propri dell'uomo. Pensiamo all'esigenza che ogni cultura ha della festa e del riposo. La liturgia, fa propri questi bisogni umani, alla luce della fede e della rivelazione cristiana annunciando la salvezza operata attraverso le grandi opere di Dio. La domenica così diventa il giorno del riposo, perché Dio si è riposato per contemplare il creato, e il giorno della festa perché Gesù, in questo giorno ha vinto il peccato e la morte.

La liturgia ha attinto a tradizioni diverse provenienti da vari popoli. Esistono migliaia di linguaggi e la liturgia ne ha uno proprio. Evidentemente ha carattere di comunicazione, soprattutto di tipo non verbale perché ricca di segni e simboli. È necessaria dunque una

---

[4] Cfr. VLADIMIR SOLOV'EV, *Il significato dell'amore*, La Casa di Matriona, 1988.

[5] Cfr.1 Tm 2,4

iniziazione liturgica per poter gustare meglio, non solo a livello di contenuto, ma a livello affettivo ciò che la stessa vuole intendere. Cristo è realmente presente in ogni azione liturgica. La liturgia richiama sempre la dimensione umana della festa.
Nella liturgia è possibile sperimentare quello che Pietro diceva ai cristiani:

"Voi siete la stirpe eletta, il sacerdozio regale, la nazione santa, il popolo che Dio si è acquistato perché proclami le opere meravigliose di lui che vi ha chiamati dalle tenebre alla sua ammirabile luce; voi che un tempo eravate non - popolo ora siete il Popolo di Dio.[6]"

Molte realtà presenti nella liturgia hanno assunto un valore simbolico nel corso dei secoli. L'incenso, ad esempio, si trova nelle chiese non tanto per la preghiera, ma perché in passato, specie nei luoghi di pellegrinaggio, serviva per allontanare i cattivi odori dei pellegrini. Per un richiamo presente nel libro dell'Apocalisse ha assunto il simbolo della preghiera: come l'incenso sale al cielo, così la nostra preghiera sale a Dio. L'incenso viene usato per la Parola, l'altare, l'assemblea, il crocifisso e per i feretri, durante le celebrazioni dei defunti. I ceri, una volta necessari per illuminare le chiese, oggi hanno un valore simbolico, illuminare le liturgie o alcuni luoghi, in momenti particolari, come l'ambone durante la proclamazione del Vangelo. La luce ha assunto sempre nella liturgia un alto valore simbolico che richiama Gesù Cristo, luce del mondo.
Ogni azione liturgica inizia con il segno della croce. Toccare la fronte, il petto e le spalle significa entrare nella preghiera con l'intelligenza, gli affetti e la forza. Nel segno della croce tutto l'uomo è coinvolto, in queste caratteristiche, invocando la Santa Trinità.
La liturgia cattolica è sobria e deve avere una comunicativa utile, semplice e funzionale[7]. Non ha bisogno di barocchismo ed ampollosità, deve parlare nei suoi segni e non

[6] 1 Pt 2, 9-10
[7] Per approfondire Cfr. DIVO BARSOTTI, *Il mistero cristiano nell'anno liturgico*, San Paolo, Cinisello Balsamo, 2004.

dovrebbe avere bisogno di spiegazioni. Comunica il mistero che contiene ma allo stesso tempo lo vela.
Pensiamo alla preghiera liturgica. La liturgia delle Ore scandisce il tempo della preghiera durante la giornata ed educa il fedele a pregare con la Parola e non con le parole. La liturgia quando compresa e vissuta è catechetica poichè illumina i misteri della fede.
L'altare simbolizza Cristo risorto, per questo va usato esclusivamente il bianco sempre, in ogni periodo liturgico poiché è il luogo dell'Eucarestia. Lo stesso dicasi per l'ambone, luogo liturgico della Parola viva, che ha come colore liturgico sempre il bianco.
Credere e confessare nella liturgia la propria fede. Se credi veramente è difficile tacerlo e non mostrarlo. La Parola di Dio, attraverso la liturgia, cambia la vita. Nella liturgia si scopre che la religione non è un fardello. Gesù non è morto perché avessimo una religione, ma perché tutti noi potessimo avere una personale relazione con Lui. Noi siamo corpo, anima e spirito. Non c'è separazione, Dio si lascia incontrare da chiunque. La liturgia aiuta a prendere una posizione coraggiosa per Cristo. La liturgia insegna ad ognuno che prima di eventuali meriti il Signore è grazia assoluta. La liturgia permette di attingere ad una nuova natura, la stessa del Risorto. Nella liturgia impariamo a donare la nostra vita a colui che sa orientarla. Il peggiore giorno, vissuto attraverso la liturgia in unione al Signore, è più bello del miglior giorno senza la grazia di Dio.
In questo hanno un grande valore i gruppi liturgici da costituirsi in tutte le parrocchie.
La costituzione dei gruppi liturgici nelle parrocchie, pur non essendo obbligatoria, è molto importante[8].

---

[8] Cfr. CEI, *Il rinnovamento liturgico in Italia*, 9.

CAPITOLO I

1.1 IL SENSO DELLA LITURGIA

Credo che sia fondamentale riscoprire l'importanza della liturgia da un punto di vista esistenziale. Se fosse più compresa, se fossero solo interiorizzati meglio alcuni contenuti la liturgia diventerebbe esistenza vitale. Credo profondamente che la vera conversione ed il rinnovamento del cuore passa dall'incontro che il Signore può offrire ad ognuno in qualsiasi atto liturgico. Liturgia è da comprendere, meditare e pregare. Non comprensione intellettuale ma esistenziale, spirituale.

La liturgia performa integralmente l'uomo attraverso la dimensione divina. La liturgia può essere sempre più compresa se, come per la Sacra Scrittura negli ultimi decenni, avesse percorsi di approfondimento come la catechesi liturgica o la mistagogia. L'eucologia[9] è una fonte immensa di spiritualità, poiché attinge il suo patrimonio alla tradizione sicura della Parola e della patristica. Per comprendere cos'è la quaresima o qualunque altro tempo liturgico basterebbe approfondire come i prefazi ne parlano o esaminare approfonditamente le collette. La liturgia è per tutta la Chiesa, non esclusiva del clero o dei religiosi. La liturgia è la festa di Dio con l'uomo e dell'uomo con Dio. La liturgia è gioia divina, esperienza evangelica, immersione dell'amore, bacio di grazia. Credo, come per la Chiesa antica, sia necessario approfondire la catechesi mistagogica[10] Sarebbe interessantissimo approfondire il rapporto che c'è fra tempo e liturgia. Noi occidentali abbiamo la visione di tempo cronologico. Siamo mangiati dal tempo che passa inesorabilmente lasciando dietro di sé ogni cosa. Nella visione biblica il tempo è kairologico, cioè manifestazione di grazia. Nella liturgia il tempo è immersione nella

---

[9] I testi eucologici sono le orazioni dette "proprie" presenti sia all'interno della Messa che nella Liturgia delle ore. Tali preghiere sono "parti presidenziali", cioè quelle recitate dal celebrante che presiede la liturgia.

[10] Mistagogia: guida al mistero . Ciò che è avvenuto per la lectio con la Parola, la mistagogia è per la liturgia. Fonti per la catechesi mistagogica sono la Bibbia, i padri della Chiesa e la stessa liturgia.

grazia di Dio, negli eventi di salvezza, nella partecipazione ai misteri divini. Il tempo è nato con il creato, la liturgia, pur restando nel tempo, permette la partecipazione al mistero del Creatore. La liturgia è luogo di bellezza, è incontro con la Bellezza. Nella liturgia si vive l'esperienza comunionale con Dio e con i fratelli. La sobrietà liturgica è necessaria perché richiama il Cristo povero che si comunica ad ogni povero. La liturgia deve essere sobria, ma dignitosa, mai sciatta. È il luogo in cui l'uomo sperimenta la divinizzazione del suo essere. Il linguaggio liturgico è traduzione in umanità, è interpretazione del mistero fatto di gesti, segni e parole, pur essendo essa stessa un mistero. Il mistero, nel suo significato cristiano, è l'epifania divina, il Dio che si fa conoscere, che si rende comprensibile. Il mistero può dunque essere conosciuto, ma mai pienamente compreso perché Dio supera il cuore e l'intelligenza umana che pure è aperta al mistero. Dio comunica il suo amore attraverso i sacramenti,i sacramentali e la liturgia delle Ore. La liturgia è un tutt'uno con il mistero di Cristo e della sua salvezza[11].

I sacramenti sono istituiti da Cristo, mentre i sacramentali sono approfondimento dei primi di istituzione ecclesiale. I gesti liturgici devono portare all'incontro col Signore, allontanando la tentazione sempre sottile dell'autocelebrazione.

Tanti considerano la liturgia come qualcosa di secondario, come un mondo distante dalla vita reale. Ma la liturgia cristiana è la celebrazione della nostra fede. Come viviamo la celebrazione? Purtroppo la celebrazione spesso è percepita distante. Ci si sente come spettatori che assistono ad un concerto. La liturgia è l'opera del popolo di Dio. Prima di essere un'opera del popolo è il luogo di ciò che Dio fa per il suo popolo. Dio rivela il suo amore e la fede è la risposta alla proposta di Dio. La fede è la base della celebrazione in quanto risposta all'amore di Dio. La liturgia è il luogo per recepire la parola di Dio. Liturgia significa festa. Il filosofo Nietzsche considera la fede cristiana come una codardia. I cristiani sono codardi e dunque si inventano un mondo soprannaturale come il perdono o altro. Per Nietzsche il cristiano è un represso. La vita va celebrata mentre il cristiano non vive la vita. Per Nietzsche la massima espressione è la festa di cui la figura

[11] VITTORIO CROCE, *Gesù e il mistero. Cristologia e soteriologia*, LDC, Torino, 2010.

è Bacco. Vita che non ha limiti e che avanza: questa è la vera esistenza. Secondo il suo schema non è possibile la festa nel cristianesimo. Una chiesa che vive la liturgia è la migliore risposta a tutti gli attacchi. La liturgia è celebrare il Dio che palpita d'amore attraverso il canto, il corpo, le parole. È celebrare l'espressione d'amore che portiamo. La liturgia parte da una esperienza interiore di salvezza, di essere amato. Questa esperienza si traduce in canto, in poesia, in lode. Allora è fondamentale apprendere a celebrare la nostra fede per vivere la notizia della gioia divina operata dal Signore. Dell'esperienza dell'amore e della salvezza il cuore si riempie di gioia.

La liturgia è presenza qui ed ora, altrimenti ogni cosa sarebbe vecchia passata, la chiesa diventerebbe un museo. L'eucarestia è anticipazione del cielo, come l'Apocalisse ci presenta il regno: la meraviglia di una liturgia di lode per l'eternità. La liturgia è alimento, insegnamento e partecipazione del regno.

L'amore è più grande della colpa, della tristezza dei peccati. Non c'è momento depressivo, peccato che la speranza nel Signore e la sua gioia non possano guarire. La liturgia sempre deve conservare lo Spirito della gioia. Non la gioia di un concerto, ma quella che nasce dal Cristo Risorto. È Gesù la radice e il centro della liturgia. Tutti i sacramenti nascono dalla Pasqua del Signore. La liturgia canta e proclama che la Pasqua è la vittoria di Cristo. Qualunque espressione liturgica è sempre un canto, una proclamazione della Pasqua del Signore. La Pasqua è la fonte stessa, la festa in cui gustiamo la salvezza. Cantiamo che Cristo è il Signore. La liturgia è la festa di un amore. Quanto è bello contemplare questa verità con le parole del preconio pasquale. Tutte le emozioni che ci sono nel triduo pasquale, nella veglia o nella settimana santa sono da contemplare ogni domenica. Il cuore incontra la Pasqua ogni volta che incontra l'Eucarestia. Il Signore sana ed è presente attraverso la liturgia. La nostra liturgia è anticipazione del cielo[12]. Ogni volta che partecipiamo all'eucarestia partecipiamo al dono del cielo.

---

[12] Cfr. Ap 5

Cristo e la chiesa sono nella liturgia. È Cristo che nella liturgia fa partecipare il suo mistero della salvezza. La liturgia non può divenire abitudine, poiché è incontro gioioso con il Signore. Conosciamo allora quello che celebriamo? Più si conosce della vita di orazione, più si conosce la fede. La liturgia fa parte della vita di famiglia. La liturgia è sintonia, è la celebrazione del tutto, di ciò che siamo, del nostro essere più profondo.

Nella liturgia c'è prioritariamente l'amore di Dio che vuole incontrare l'uomo. C'è una discesa (*catabasi*) che è dono di grazia. In questo c'è la risposta della fede nella quale troviamo una dimensione ascensionale (*anabasi*). Gli attori della liturgia sono Cristo, sommo sacerdote, e la Chiesa che rendono culto al Padre per la santificazione degli uomini. Nella liturgia il posto prioritario spetta sicuramente alla celebrazione eucaristica. La liturgia è l'espressione più alta della dimensione verticale, nello Spirito, cioè il rapporto dell'uomo con Dio. Tale dimensione verticale spinge all'annunzio del Regno e all'amore verso i fratelli, in una dimensione orizzontale, che concretizza nella vita ciò che si è celebrato nel culto. Bisogna ancora sottolineare la promozione della partecipazione attiva dei fedeli laici[13] e prendere coscienza che non c'è nessun' altra azione nella chiesa che ne eguagli l'efficacia[14]. La liturgia è l'epifania del sacerdozio di Cristo e quindi della Chiesa. Cristologia ed ecclesiologia nella liturgia sono intimamente legate.

La liturgia è immersione nella storia della salvezza e partecipazione alla stessa salvezza operata in Gesù. Essa è dunque evento di salvezza e liberazione. Cristo dona la salvezza alla Chiesa che celebra il suo Signore grazie al dono della fede[15]. È attraverso il Battesimo che siamo innestati nella Chiesa, partecipi della morte, sepoltura e resurrezione di Gesù[16]. Nella liturgia pregustiamo già il senso finale della storia, quando ogni cosa sarà riconciliata in Cristo alla fine dei tempi, partecipando della liturgia celeste che vivremo nella pienezza nella gloria del cielo. La Chiesa dunque si riconosce nella

---

[13] Cfr. Concilio Vaticano II, Costituzione dogmatica sulla liturgia, *Sacrosantum Concilium* (SC), 14.
[14]Cfr. *Idem* , 7.
[15] Cfr. *Idem* , 5-6.
[16] Cfr. Costituzione dogmatica sulla Chiesa del Concilio Vaticano II, *Lumen Gentium 7; 1 Cor 12, 13.*

liturgia partecipe dell'opera di salvezza di cui Cristo è l'autore principale, per la salvezza del mondo, come segno e presenza di quel Regno che si compirà alla fine dei secoli.
Non ci si può accontentare di pratiche popolari, di una preghiera vissuta a livello individuale. È la liturgia che ci svela la meraviglia della preghiera comunitaria.
La Chiesa è segno del Regno che si compirà alla fine dei tempi e che viene atteso con l'invocazione: *Vieni Signore Gesù* [17].
La liturgia è memoria in quanto presenta un evento accaduto una volta per sempre, è presente in quanto attualizza l'evento celebrato, e' futuro, in quanto è anticipazione della pienezza che si realizzerà con il pieno compimento del Regno alla fine della storia. Tutta la liturgia è kairologica in quanto porta la grazia pasquale.

1.2 Il simbolismo liturgico

Nella liturgia hanno un valore fondamentale anche gli spazi liturgici.
L'uomo è comunicazione, non può non comunicare. Lo stesso mutismo è una forma di comunicazione. La comunicazione ha tante forme di linguaggi e come tale anche, direi soprattutto la liturgia ha dei linguaggio. *Oggi c'è difficoltà a comprendere la liturgia perchè spesso il linguaggio è ridotto, per tanti alla comunicazione dei media*[18]
È per tale motivo che canti, addobbi floreali, ordine ed armonia risultano, se non fondamentali, di primaria importanza. Non c'è festa senza musica e canto. Anche le vesti liturgiche, accanto ai luoghi che hanno un valore simbolico altamente comunicativo, sono portatrici di significati spirituali. Pensiamo, ad esempio, ai semplici camici, anticamente chiamati "albe" perché richiamano il sole della vita nuova, la partecipazione alla risurrezione di Gesù. I colori hanno un valore indicativo del tempo liturgico o di feste o solennità. Il verde è il colore della speranza ed indica il tempo ordinario.

---

[17] Ap 22,17.
[18] Pontificio Consiglio delle Comunicazioni Sociali, *Aetatis Novae*, 4.

Il bianco è il colore della purezza e della gioia. Viene usato liturgicamente nelle feste, solennità e nel tempo pasquale.

Il viola viene usato per le celebrazioni per i defunti e durante l'Avvento e la Quaresima che periodi preparatori alle solennità del Natale e della Pasqua.

Richiamano il lutto e la penitenza.

Il rosso richiama il fuoco dello Spirito ed il sangue di Gesù e dei martiri che si sono a lui conformati nel dono della vita. Il rosso è dunque usato venerdì santo, nelle memorie dei martiri ed a Pentecoste.

Troviamo anche il colore rosa durante la 3° domenica d'avvento, detta della gioia (*gaudete*) e 4°domenica di quaresima detta della letizia (*laetare*) .

Troviamo anche l'azzurro per le celebrazioni mariane, da noi non molto usato ma presente in altre nazioni come la Spagna.

La sede è il luogo dove si tengono i riti di introduzione, la presidenza della preghiera universale ed i riti di conclusione. L'altare serve esclusivamente per la liturgia eucaristica. Le campane : presenza di Dio in mezzo agli uomini.

L'altare simbolizza Cristo risorto, per questo va usato esclusivamente il bianco sempre, in ogni periodo liturgico poiché è il luogo dell'eucarestia. Lo stesso dicasi per l'ambone, luogo liturgico della Parola viva, ha come colore liturgico sempre il bianco. Lampada del sacramento è come una sentinella che assiste Gesù.

Gli spazi liturgici, quando vengono rispettati, sono una vera e propria catechesi visiva. La sede deve essere, secondo le norme liturgiche vigenti, ben visibile per favorire il dialogo, la preghiera e l'animazione. Il crocifisso deve essere presente in qualche parte del presbiterio.

L'omelia si tiene dalla sede o dall'ambone.

L'omelia è un vero e proprio atto celebrativo anche se questo viene vissuto poche volte dai sacerdoti e dai laici[19]. Purtroppo molte volte si mette al centro più il sacerdote che la stessa Parola. Oggi la comunicazione è profondamente cambiata. Purtroppo anche la

[19] Cfr. SC 54

storia ci ricorda che si è creata in molti contesti un distacco dalla liturgia dell'omelia che è scaduta in forme di moralismo. Ogni omelia dovrebbe essere breve e semplice, aderente alla liturgia della Parola. È importante conoscere la comunicazione di oggi per coinvolgere l'assemblea celebrante. L'omelia funge da cerniera tra i gesti liturgici e la Parola che chiede di essere attualizzata.

"L'omelia non venga mai omessa nelle domeniche e nelle feste di precetto. È vivamente raccomandata durante le Messe feriali della Quaresima; anzi sarebbe assai lodevole se venisse tenuta ogni giorno, purchè sia molto breve" [20] .

Nella predicazione è importante mettere in risalto, brevemente, il senso letterale della Parola, il significato alla luce di Cristo (senso cristologico), nella Chiesa (senso ecclesiologico) per rianimare il senso ed il significato della presenza cristiana (senso escatologico). L'amore per la predicazione è allo stesso tempo amore per Gesù e per la Chiesa. Bellezza semplice va ricercata nella materia, nel suo nucleo puro ed essenziale.
È molto più facile la bellezza mondana dello sfarzo e non la pura semplicità.
I barocchismi distraggono dalla bellezza che nella semplicità trova la sua ragion d'essere.
È bene comprendere che il mondo non è più lo stesso, è in continua evoluzione e anche l'annuncio che è lo stesso nei contenuti chiede modalità nuove[21].
Infine il canto. Sant'Agostino amava dire che chi canta prega due volte. E' proprio vero! Il canto insieme ad altri ingredienti liturgici spinge ed è realmente preghiera. Il canto eleva la mente ed il cuore a Dio. Il canto muove l'anima nei suoi affetti. Nella liturgia i canti non sono per le emozioni; i padri della Chiesa insegnano che attraverso questa strada ci si allontana da Dio. Estetismo liturgico e spettacolarizzazione religiosa non offrono alcun servizio alla spiritualità. Il canto dovrebbe avere una bellezza austera.

---

[20] *La formazione liturgica nei seminari*, 36, in *EV* 2, 536.
[21] Cfr. CEI, Il volto missionario delle parrocchie in un mondo che cambia.

I canti di ingresso, d'offertorio e di comunione sono anche detti "Canti processionali" visto il movimento che vi si trova del cammino. Il canto iniziale è nato per accompagnare la processione di ingresso, dando così un tono di unione per la celebrazione eucaristica.

Si può contare anche l'atto penitenziale: Kyrie, eleison (Signore, pietà). A questa richiesta assembleare di perdono, si chiede misericordia riconoscendo la signoria di Gesù Cristo, in quanto Signore attraverso la sua glorificazione.

Il canto del gloria ha una struttura trinitaria. Può essere cantato ogni domenica, tranne in Avvento e in Quaresima, e nelle solennità. Si rifà nel suo inizio al canto degli angeli nella notte del Natale.

Il salmo dovrebbe essere sempre cantato. Bisognerebbe sempre farlo dall'ambone, perchè è parola di Dio.

L'Alleluia è il canto della Resurrezione e bisogna per questo cantarlo in piedi.

Dopo l'Alleluia, come canto, è possibile cantare il credo. Per la presentazione dei doni è consigliabile un canto durante la processione ,chiamato canto offertoriale.

Il santo dovrebbe essere cantato. Il testo mette in relazione la visione di Isaia della gloria di Dio, il tre volte Santo, nelle prima strofa, e l'ingresso di Gesù in Gerusalemme riconosciuto come il Messia.

Anche l'anamnesi, cioè il Mistero della fede può essere cantata e segna la fine della preghiera eucaristica prima del Padre Nostro che può essere cantato. L'anamnesi mette in risalto ciò che è il dialogo in tutta l'Eucarestia tra il presidente dell'assemblea ed il popolo santo di Dio. L'agnello di Dio, parole di Giovanni il Battista, prepara ala comunione e andrebbe sempre cantato ed è associato alla fractio panis, lo spezzare il pane, gesto di Cristo nell'istituzione dell'Eucarestia il giovedì santo.

Anche il gesto della pace (stretta di mano, bacio, abbraccio) può essere accompagnato da un canto. Il rito richiama il dono della pace pasquale donata agli apostoli nel cenacolo.

Dopo il canto di comunione, che abbiamo già definito come processionale, si può fare un canto di ringraziamento. Dopo la benedizione finali si esegue il canto finale che segna il passaggio dalla celebrazione liturgica alla vita che deve essere vissuta attingendo alla liturgia.

Nella liturgia ci sono anche canti mariani che non vanno confusi con quelli devozionali o di origine popolare. Alla luce di ciò è importante vigilare per un sano discernimento. È importante aggiungere che i canti devono essere scelti rispecchiando il periodo liturgico.

Il canto liturgico, in sintesi, permette di approfondire i misteri celebrati, di fare memoria della salvezza partecipata. Ogni canto liturgico dovrebbe essere sempre ispirato alla Parola, la fonte vera che disseta il cuore. Il canto è un vero e proprio servizio ministeriale che unisce l'assemblea, il soggetto umano principale della liturgia. Il canto aiuta la chiesa a riconoscersi come tale e valorizza i gesti e le parole di ogni azione sacramentale.

Il canto sostiene la preghiera dei contemplativi, soprattutto il gregoriano,e nei monasteri riveste un'attenzione particolare.

CAPITOLO II

2.1 L'anno liturgico: il memoriale della storia della salvezza

L'anno liturgico[22] è la fonte di grazia divina per noi. La fede,nella liturgia, è la risposta all'amore di Dio.

Liturgia è mistero. Servizio a favore del popolo. Esercizio di Cristo sacerdote che offre un culto al Padre, santificazione degli uomini. La liturgia partecipa l'uomo della vita divina. Nella liturgia c'è lo svelamento della verità di Dio.

Nell'anno liturgico contempliamo ,facendone esperienza, il Mistero di Cristo in varie sfaccettature. Attraverso la liturgia possiamo conoscere la storia della salvezza, sperimentarla e contemplare, in molteplici modi, il dono della salvezza operato da Cristo.

Le feste liturgiche sottolineano i vari misteri di Cristo. Questo ci aiuta a comprendere che tutti gli atti di Gesù sono salvifici, anche se con specificità diverse. La liturgia rende presente il mistero di Cristo, è per questo che attraverso di essa, anche ogni aspetto del mistero del Signore comunica una grazia particolare.

La storia della salvezza è rivissuta da ogni cristiano attraverso l'anno liturgico che è memoriale dell'opera redentiva del Signore.

L'anno liturgico attuale è il frutto di un itinerario di secoli. Della storia della salvezza che viene contemplata il primo nucleo è la domenica[23] che genera la Pasqua con il suo ciclo, che con il tempo si è ben strutturato per poter accompagnare i catecumeni alla celebrazione della Veglia Pasquale nella quale ricevevano il Battesimo.

---

[22] Consiglio la lettura di un testo, di grande profondità spirituale, per comprendere l'anno liturgico del famosissimo teologo H.U. VON BALTHASAR, *Tu coroni l'anno con la tua grazia*, Jaca Book, Milano, 1990.

[23] Per una iniziale comprensione alla celebrazione eucaristica, soprattutto domenicale consiglio la lettura dall' *Ordinamento Generale del Messale Romano* (OMRG) edito con il messale di Paolo VI e reso pubblico il 25 marzo del 1970. Costituito in 9 capitoli riprende la teologia fondamentale e disciplina la celebrazione eucaristica da eventuali abusi.

Si aggiunsero, successivamente, nel IV secolo, le feste dell'Epifania[24] e del Natale il 25 dicembre.

E l'Avvento metteva in risalto la seconda Venuta del Signore, la venuta gloriosa del Signore Risorto alla fine del tempo. Intorno alla metà del settecento si può trovare abbozzato l'anno liturgico e l'Avvento come sono oggi.

L'anno liturgico è un grande memoriale della salvezza operata da Dio in favore degli uomini. Il memoriale è memoria di un evento accaduto una volta per sempre, vissuto oggi, in attesa di un pieno compimento.

Si rende dunque presente un evento accaduto nel passato che apre ad una speranza che è cammino verso la piena e definitiva realizzazione. La liturgia è **memoria**, poiché celebra eventi passati, accaduti storicamente una volta per sempre. È **presenza** poiché quell'evento unico ed irripetibile si rende presente nell'oggi. È anticipazione di ciò che verrà, poiché il non ancora presente è partecipato già nell'oggi. I teologi esprimono ciò con il termine escatologia parlando di **già e non ancora**. Noi già siamo partecipi della salvezza, ma non ancora pienamente poiché la redenzione si compirà pienamente alla fine dei tempi.

Centro dell'anno liturgico è la Pasqua dal cui nucleo si sviluppa tutto il resto.

2.2 Il kerigma

La parola kerigma significa annuncio. È l'annuncio centrale della fede cristiana è che Cristo è morto per i nostri peccati ed è risorto per la nostra salvezza. È questo il mistero centrale della nostra fede, questa è la redenzione. Il resto viene dopo. La compilazione degli stessi vangeli è venuta dopo questa verità. A maggior ragione i vangeli sono l'approfondimento del kerigma che è il nucleo centrale della nostra salvezza. La verità del kerigma è celebrata durante il triduo pasquale, che diviene per questo il centro

[24] Tale festa celebrava in un unico momento liturgico le manifestazioni ai Magi, il Battesimo nel Giordano ed alle nozze di Cana .

dell'anno liturgico. Morte e resurrezione di Cristo dunque non possono essere mai separati poiché sono le due facce di un unico mistero.
Lo Spirito Santo è la vita, l'anima stessa dell'anno liturgico.

2.3 Liturgia e Parola di Dio

È stato il Concilio Vaticano II ha rimettere al centro la Parola di Dio[25], tanto da parlare nella liturgia eucaristica, di una prima liturgia della Parola e di una seconda liturgia Eucaristica, profondamente legate tra di loro. S. Paolo afferma: *Tutta la Scrittura è ispirata da Dio per insegnare, convincere, correggere, e formare alla giustizia*[26]. È nel contesto liturgico che la Parola si afferma, in un modo tutto particolare, secondo il dettato paolino. È la stessa che illumina le coscienza poiché *scruta ogni cosa, anche le profondità di Dio*[27]
È importante sottolineare che gli stessi sacramenti sono l'incontro della Parola con i segni. Non c'è mai l'uno senza l'altro. Ecco perché in ogni sacramento, liturgicamente, è sempre data una attenzione particolare alla Parola. La proclamazione della Parola non può mai essere improvvisata per la sua assoluta importanza[28].
Le due mense, della Parola e dell'Eucarestia, hanno la stessa dignità e, tra le due, vi è una profonda unità[29]. È essenziale trattare i libri con particolare cura e venerazione.
L'originalità del culto cristiano sta nel suo essere annuncio della buona notizia all'assemblea. Parola rivolta alla Chiesa e parola della Chiesa rivolta a Dio. La Parola era rito precedentemente, il Vaticano II ha rimesso al centro la verità del culto alla Parola. Non sentimento del sacro, ma introduzione al mistero di Gesù.
Nella relazione con Dio *gli parliamo quando preghiamo e lo ascoltiamo quando leggiamo gli oracoli divini*[30].

---

[25] Per approfondire cfr. MICHELE DAVIDE SEMERARO, L'altra mensa: la Parola nella liturgia, EDB, Bologna, 2008.
[26] 2 Tm 3,16
[27] 1 Cor 2,10
[28] Cfr. SC 24.
[29] Cfr DV 21

Il sacerdote alimenta la fede con la Parola che si fa sacramento. Parola come sacramento, come l'eucarestia. Nella liturgia della Parola è Cristo che tiene insieme tutta la Scrittura. Presenza di Cristo nella Parola del Signore. La parola è azione di Dio, evento, *dabar*[31], verità che si rende presente.

La liturgia cristiana, inizialmente, non inventa nulla, ma reinterpreta la liturgia del popolo di Abramo, la santa radice da cui la Chiesa è nata. C'è una continuità tra liturgia ebraica e cristiana molto profonda.

Dio crea l'uomo a sua immagine, maschio e femmina facendolo parte della sua vita divina. È questa la vita di grazia, ma il peccato ha fatto si che tale grazia fosse perduta.

2.4 La domenica

La festa di Pasqua è antichissima, ma prima della Pasqua ad essere celebrata era la domenica[32] come unica festa liturgica,definita giorno del Signore. La domenica, con il tempo, divenne "la grande domenica", e cioè la celebrazione della Pasqua. Successivamente la grande domenica si allagherà alla beata Pentecoste. La domenica è innanzi tutto il giorno dell'Eucarestia.[33]

Solo successivamente, si è sviluppata la settimana santa per rivivere, drammatizzando, gli eventi della Passione. Sulla domenica così si esprime il Concilio*: Trattando della riforma dell'Anno Liturgico secondo la tradizione i ritmi e i tempi siano scanditi in modo tale che la Domenica sia al primo posto e tutte le altre feste, di non grande solennità, le devono essere posposte*[34]

---

[30] S.AMBROGIO, *De officiis ministrorum*, I, 20,88.

[31] Dabar in ebraico vuol dire parola che si fa evento. È la parola della creazione che realizza pienamente ciò che afferma. La liturgia realizza ciò che proclama, manifestando così la salvezza.

[32] Per approfondire BOROBIO D., *La celebrazione nella Chiesa-3. Ritmi e tempi della celebrazione*, ELLE DI CI, Torino 1994, 68-99 e Cfr. E. BIANCHI, *Giorno del Signore, giorno dell'uomo,* Piemme, Casale Monferrato, 1995.
Nota pastorale della Conferenza Episcopale Italiana: *Il giorno del Signore (15 luglio 1984),5.*

[33] JAQUES GAUTHIER, *L'eucarestia. Sorgente della vita cristiana.,* Messaggero Padova, Padova, 2010.

[34] SC 107.

La quaresima nasce come conseguenza del catecumenato, peraltro già presente nel 3 secolo, per la purificazione penitenziale che avveniva il giovedì santo. Per tale motivo, ispirandosi ai 40 giorni biblici è nato tale periodo preparatorio legato alla Pasqua.
Prima della pasqua e del tempo liturgico, alla base di tutto sta la domenica. Lo stesso anno liturgico, è in sé l'approfondimento di ciò che è già presente nel giorno del Signore, particolarmente nella celebrazione eucaristica. La domenica pone al centro il kerigma, è il giorno del Signore e della sua signoria poiché è il giorno che celebra la resurrezione.
La festa della Pasqua è dunque partorita dalla domenica che è il nucleo attorno al quale si forma l'anno liturgico.
La domenica si richiama alla creazione, al riposo di Dio. In Cristo siamo ricreati ed in questo giorno non si dovrebbe lavorare affinché ogni uomo possa contemplare il frutto del proprio sudore.
La resurrezione di Gesù non è stato semplicemente una rivitalizzazione di un corpo defunto, ma la vita nuova di un corpo glorioso che travalica le leggi di questo mondo.
Gesù è venuto nella debolezza e tornerà di nuovo nella gloria, alla fine dei tempi. Alla Chiesa è chiesto di camminare nella speranza, vivendo il comandamento dell'amore, aderendo fermamente alla fede in Cristo. La venuta ultima segnerà la fine della fede perché tutto sarà chiaro ed evidente, la fine della speranza poiché ogni manchevolezza o desiderio sarà colmato, inaugurando il regno eterno dell'amore, la comunione perfetta con Dio, immensa ed eterna carità.
È nella domenica che contempliamo che *"Gesù Cristo è il Signore"*[35].
La memoria liturgica è riportare ciò che il Risorto ha compiuto, allo stesso tempo ogni segno liturgico è profezia di ciò che pienamente verrà rivelato, alla presenza di Cristo realmente presente qui ed ora.
La domenica è giorno escatologico, cioè profezia dell'ottavo giorno, il tempo dell'eternità quando Dio avrà riconciliato ogni cosa in sé.
La liturgia ci dona la presenza del Risorto con la certezza che Cristo è in mezzo a noi.

---

[35] Fil 2, 11.

La promessa di Cristo non verrà mai meno. Egli sarà presente fino alla fine del mondo. Ogni volta che si prega, che si proclama o ascolta la Parola di Dio, si celebra un sacramento, ogni volta che si ama, Lui è realmente presente.

La liturgia permette di guardare la realtà in maniera cristificata. A ben ragione ha affermato il papa emerito Benedetto: " *Io vedo con gli occhi di Cristo e posso dare all'altro ben più che le cose esternamente necessarie: posso donargli lo sguardo d'amore di cui egli ha bisogno*"[36].

Mensa eucaristica è una ripresentazione nell'oggi dell'unico evento istituito da Gesù il giovedì santo. Tutto ciò, nella preghiera, è partecipato realmente nell'oggi. La mensa eucaristica e la preghiera condivisa portano alla comunione fraterna. L'eucarestia non è mai un fatto privatistico, ma sempre ha una accezione comunionale che genera conseguentemente la fraternità che trova il suo fondamento nella logica dell'amore.

La messa ci interroga profondamente sia nell'esercizio della presidenza, che nella partecipazione dei fedeli laici[37].

"Nel ricordo della carità di Gesù e riunita nel suo Spirito, la Chiesa continua a spezzare il pane della condivisione per le necessità dei fratelli"[38].

Vorrei inoltre soffermarmi sulla dialettica che sussiste tra domenica ed Eucarestia.

La Chiesa infatti celebra l'Eucarestia, ma si riconosce tale, sacramento di comunione proprio per tale dono. Cristo è presente nell'Eucarestia così come è presente nella Chiesa.

Alla luce di questo non si possono concepire messe private anche se ci sono intenzioni da applicare per dei defunti[39]. Ogni Eucarestia ha a che fare con la comunità tutta in quanto atto liturgico.

---

[36] BENEDETTO VI, *Deus Caritas Est,* 18.

[37] Cfr. MICHAEL WACKENHEIM, *La messa in 50 domande*, San Paolo, Cinisello Balsamo, 2010.

[38] CEI, *Istruzione sulla comunione eucaristica*, 5

[39] Il momento per ricordare i fratelli morti è nella preghiera universale e nella preghiera eucaristica (OMGR n. 79g). Nessuno può appropriarsi della messa, questo è blasfemia. Non serve dire ad alta voce il nome di un defunto, la cosa essenziale è l'intenzione che il sacerdote applica.

Cristo comunica la sua opera di salvezza proprio nella liturgia. La celebrazione eucaristica contiene tutto il bene spirituale della Chiesa. Dio si comunica attraverso i segni ed i simboli. L'Eucarestia rende presente Gesù dentro di noi. Cristo è altare, vittima, sacerdote allo stesso tempo. Tutta la Sacra Scrittura è ispirata. Al Vangelo l'assemblea è invitata a rimanere in piedi perché è Cristo che parla. L 'omelia è una spiegazione della Parola e della vita alla luce della Parola.
Il sacerdote riceve i doni dell'assemblea. Il pane e il vino rappresentano tutto ciò che siamo,offerti a Dio. Si unisce tutto al pane e il vino segno del lavoro e della vita dell'uomo. Il sacerdote lavando le mani chiede di essere purificato. Tutti dobbiamo purificare anima e cuore al Signore per poter partecipare all'immenso e prezioso dono dell'Eucarestia. Il prefazio canta le meraviglie che il Signore ha compiuto nella sua infinita misericordia. Corpo ,sangue, anima e divinità si rendono presenti nell'Eucarestia. Il pane è simbolo di vita: Gesù si fa pane di vita[40]. Il vino è per la gioia dell'uomo. La comunione è sacramento che ci incorpora a Cristo ed ai fratelli. La celebrazione termina con il mandato missionario di Cristo da portare ed annunziare a tutti le meraviglie compiute dal Cristo.
Già antichi documenti, anche pagani, sottolineano l'importanza della domenica:

"I cristiani solevano radunarsi in un giorno fisso, prima del sorgere del sole, cantavano un inno a Cristo come a Dio e si obbligavano con un solenne giuramento a non commettere alcuna azione cattiva..." [41].

Non c'è festa senza riposo, anche se questo nella modernità è stato abbastanza dimenticato. La domenica chiede il riposo dalle attività perché, rifacendosi al riposo biblico, chiede la contemplazione del creato di Dio, e della creatività dell'uomo attraverso il lavoro dei sei giorni.

---

[40] Cfr. Gv 6. Nel discorso di Cafarnao Gesù si presenta come il pane di vita eterna per la salvezza degli uomini.
[41] PLINIO, Lettere X, 96, 112 d. C.

CAPITOLO III

I TEMPI DELL'ANNO LITURGICO

3.1 Il tempo Ordinario

All'origine del tempo per annum c'è la domenica. Dopo si iniziano a formare i nuclei attorno cui si formano feste particolari come il Natale e la Pasqua. L'anno che non celebrava particolari aspetti del mistero di Cristo fu chiamato per annum o ordinario .
Dal Vaticano II questo tempo, grazie alla ricchezza della Parola di Dio, offre grandi possibilità di approfondimento evangelico. È la celebrazione settimanale della domenica che costituisce il centro del tempo per annun.
Il tempo per annum è costituito da 34 settimane , va dal lunedì successivo alla festa del Battesimo di Gesù (la quale funge da gancio tra il tempo di Natale- Epifania e la seconda domenica del tempo ordinario) al martedì immediatamente prima delle Sacre ceneri.. Il battesimo del Signore infatti sostituisce la prima domenica del tempo ordinario.
Questo unico tempo è diviso in due parti: il primo che può variare da 5 a 9 settimane, mentre le settimane successive sono quelle che vanno dal lunedì dopo Pentecoste al sabato precedente la prima domenica di Avvento. Il ciclo festivo è caratterizzato da tre anni : A, B e C.
Nel ciclo A si legge il Vangelo di Matte, nell'anno B il vangelo di Marco[42], nell'anno C il Vangelo di Luca. Nel tempo ordinario la lettura delle pericopi evangeliche è continua. Tutto ciò permette la conoscenza della vita di Cristo, dei suoi miracoli e dei suoi detti.
La liturgia è l'esercizio del sacerdozio di Gesù Cristo. Cristo capo. L' opera di Cristo è sacramentale e si presenta con il potere del suo Spirito. Dio fonte della creazione è la fonte da cui scaturisce il mistero della salvezza.

---

[42] In alcune domeniche si leggono passi del Vangelo di Giovanni perche il Vangelo di Marco è il più breve.

3.2 L'Avvento

Avvento significa arrivo, venuta, presenza. È in questo periodo che si riflette in un modo tutto particolare sulla virtù della speranza che ha le caratteristiche di una attesa gioiosa e vigilante. Nell'avvento c'è una prospettiva di conversione, diversa da quella quaresimale perché ha una prospettiva escatologica. Un simbolo che è entrato nella liturgia cattolica è la corona d'Avvento. La corona d'avvento è un simbolo che viene dalle Chiese della Riforma nel nord Europa nella prima metà dell'Ottocento. Nel successivo secolo, come segno di pietà popolare, la si trova in tante case cattoliche[43] La tradizione suggerisce anche il nome delle prime quattro candele:

1 del Profeta, 2 di Betlemme, 3 dei Pastori, 4 degli Angeli.

Le tre figure più significative di questo periodo sono Isaia e Giovanni Battista. Non va comunque dimenticato Giuseppe, lo sposo di Maria, uomo giusto. Col tempo l'Avvento ha assunto una connotazione mariana.È un tempo tipicamente occidentale.

L'avvento è tempo escatologico fino al 16 dicembre[44], tempo di preparazione al Natale dal 17 al 24 dicembre. Durante tutto questo tempo "forte" la Chiesa è chiamata a contemplare la triplice venuta di Cristo. Egli è venuto nella storia povero e verrà alla fine della storia a giudicare il mondo. Tra il ritorno escatologico e la memoria del suo Natale egli continua a venire ogni giorno nella Chiesa, sempre nella liturgia e nel mistero, per l'azione dello Spirito Santo. I teologi chiamano questa venuta intermedia. Egli è colui che viene, sempre presente.

L'Avvento è tempo della Chiesa che attende lo Sposo per celebrare le nozze mistiche alla fine dei tempi. Questo tempo chiede alla Chiesa ed ai singoli cristiani di rinnovare l'immagine del Figlio di Dio, che nel suo secondo ritorno, alla fine dei tempi, rinnoverà ogni cosa. L'Avvento allora è il tempo della partecipazione divina alla filiazione divina che sarà piena quando il Signore apparirà in tutta la sua gloria. È in Gesù incarnato che

[43] Cfr.CEI, *Direttorio su pietà popolare e liturgia*, 98.

[44] In questa prima parte dell'Avvento si riflette sulla venuta di Cristo alla fine dei tempi.

la Chiesa può guardare alla propria santità che si realizzerà completamente, nella sua pienezza, alla fine dei tempi. Gesù è il Veniente[45]. Ogni Avvento- Natale ci fa guardare dunque all'Avvento-Venuta di Gesù alla fine dei tempi.

La prima domenica di Avvento mette in risalto la venuta del Signore come attesa vigilante ma allo stesso tempo si fa richiamo perché ciò accada subito. Possiamo definire questa domenica "dell'attesa vigilante" in quanto il Signore verrà.

La seconda domenica è dedicata alla figura di Giovanni Battista, in quanto preparatore ed indicatore del Cristo. Egli è la voce che prepara la venuta del Verbo. Anche il suo vestito richiama il fatto che è lui l'Elia che doveva precedere la venuta del Signore che purificherà da ogni peccato.

È la domenica della predicazione del Battista, che prepara il regno che viene.

La terza domenica è definita "*gaudete*" e mette in risalto il tema della gioia per la vicina salvezza che verrà donata. Gaudete infatti significa "rallegratevi". Risulta presente la figura del Battista, in quanto testimone del Messia che è già presente....

In questa domenica, dopo la tensione escatologica della seconda domenica, c'è un orientamento alla preparazione del Natale.

La quarta domenica pone l'attenzione all'annunzio a Maria, o Giuseppe o la visitazione a Santa Elisabetta. Possiamo definirla domenica mariana o degli annunci.

Durante l'Avvento si celebra, l'otto dicembre la solennità dell'Immacolata Concezione. Si contempla Maria come modello della Chiesa, donna dell'ascolto e dell'attesa lasciandosi illuminare dal contesto liturgico.

3.2.1 La novena di Natale

Pur essendo di origine devozionale, la novena di Natale che va dal 17 al 24 dicembre, ha affiancato la liturgia. In molte comunità costituisce un'ottima opportunità di evangelizzazione.

---

[45] Il Veniente è già in mezzo a voi Gv 1,26.

La novena di Natale, di devozione polare ha inizio il 16 dicembre poiché da quella data mancano 9 giorni al Natale. La liturgia ci prepara invece al Natale attraverso formulari della messa, liturgia delle Ore. Sono i giorni delle Ferie Maggiori o delle più conosciute antifone "O". Tali antifone sono proposte ai vespri prima del Magnificat o come versetto al canto del Vangelo.

Antifone maggiori delle ferie di avvento

Dal 17 al 24 dicembre ogni giorno la liturgia ci fa cantare le antifone "O". Sono presenti nella liturgia delle Ore, nel Lezionario e, richiamando le profezie, annunciano la venuta di Gesù nella storia.

Tutte le antifone iniziano con la invocazione "O" e si concludono con la parola "Vieni". Le antifone dal 17 al 24 invocano, nella composizione originale latina queste parole: Sapientia, Adonai, Radix, Clavis, Oriens, Rex, Emmanuel. Andando a ritroso, partendo dalla prima lettera di ciascuna parola accompagnata dall'invocazione "O" si ha un acrostico: EROCRAS. Questa parola significa "Sarò lì domani". È bellissima questa intuizione liturgica che ci fa pregustare l'imminente celebrazione della prima venuta del Signore: il suo Natale.

3.2.2 Le feste epifaniche: il Natale e l'Epifania

La festa del Natale è nata nel IV secolo come sostituzione della festa pagana celebrata il 25 dicembre al "sole invitto" durante il solstizio invernale, sottolineando come nell'incarnazione di Gesù la vita è stata donata agli uomini.

Alla fine del IV secolo si è sentita la necessità di prepararsi attraverso 4 o 6 settimane con un periodo denominato avvento.

Gli antichi padri parlavano di "admirabile commercium" tra il creatore e la creatura: Dio diviene uomo affinché l'uomo possa divenire Dio. Oltre ad essere immagine di Dio, l'uomo, con l'Incarnazione, condivide con Lui la propria carne. Il potente si è fatto impotente, il forte debole, l'eterno è entrato nel tempo. Cristo si rende conforme all'uomo per divinizzarlo. Il Verbo invisibile nell'Incarnazione si è reso visibile[46].

Dal IV secolo Natale è la festa dell'incarnazione.

La liturgia permette la celebrazione di quattro messe che approfondiscono con angolature diverse il mistero dell'incarnazione: messa della Vigilia, della Notte, dell'Aurora e del Giorno.

Nella notte di Natale viene letta la Kalenda[47] prima del gloria, testo che fa memoria dell'attesa dell'incarnazione del Cristo.

Il Vangelo non dice che i magi fossero tre, non dice che fossero re e neppure i loro nomi. Gaspare, Melchiorre e Baldassarre sono nomi giunti da tradizioni popolari. I vangeli apocrifi sono la trascrizione di queste narrazioni popolari. Si è detto che sono re poiché si è voluta vedere una relazione con alcuni salmi in relazione ai tre doni. L'attenzione dunque va attribuita al dato evangelico. Cristo si è manifestato vero uomo, vero Dio e vero Re ai pagani che dopo il cammino sapienziale, simbolizzato dalla Stella ed orientato a Betlemme grazie alla Parola accolta a Gerusalemme, giungono all'adorazione del vero Dio. I magi sanno riconoscere nel bambino l'umiltà della regalità di Dio. In questa solennità si celebra il Cristo che si è voluto rivelare a tutte le genti, affinché ognuno potesse partecipare della grazia del Vangelo.

Tale manifestazione è da legare ad altri due episodi della vita di Gesù: le nozze di Cana e il Battesimo. Nel Battesimo, Cristo è rivelato ad Israele mentre nelle nozze di Cana agli apostoli.

Nel Battesimo del Signore è presente tutta la Trinità. Il Padre con la sua voce, il Figlio nel Giordano e lo Spirito Santo sotto forma di colomba. Questa esperienza segna l'inizio della predicazione di Gesù sotto il mandato del Padre con unzione regale, sacerdotale e profetica per il sigillo dello Spirito Santo. L'espressione del Padre " In lui ho posto il mio

---

[46] Per approfondire cfr. EDITH STEIN,*Il mistero del Natale: Incarnazione e umanità*, Queriniana,, Brescia.,2008.

[47] Il testo è preso da un calendario del IV secolo.

compiacimento" richiama il canto del Servo del Signore, Dio si compiace perché egli redime il mondo prendendo su di sé la sofferenza. " Tu sei mio figlio" , citazione di un salmo messianico afferma che Gesù è il Messia. La parola "amato" si riferisce a Isacco, che doveva essere sacrificato. Era lui l'unico figlio, "amato" da Giacobbe.
Nel Battesimo di Gesù contempliamo nel simbolo tutta la sua vita. Egli si fa vicino agli uomini immergendosi nella morte del peccato, condividendo in tutto l'umanità. Egli scende nel Giordano come è sceso sulla terra ed è sceso per essere sepolto. Egli è sceso negli Inferi. È risalito dalle acque come è risalito dalla morte. Il cielo che si apre è il segno del mondo divino riconciliato con Dio. La colomba è simbolo di pace, come per Noè, ed è manifestazione dello Spirito.

3.3 La Quaresima

La Quaresima è il periodo liturgico che prepara alla Pasqua cristiana. Inizia il mercoledì delle ceneri e dura 40 giorni, tempo biblico altamente simbolico[48]. La Quaresima ha a che fare con i catecumeni. In questo periodo i catecumeni si preparavano con la penitenza al dono dei sacramenti di iniziazione che avrebbero ricevuto nella solenne Veglia Pasquale.
Questo è un tempo penitenziale particolarmente idoneo per il rinnovamento spirituale. È questo un periodo di rinnovamento spirituale che usa le armi della penitenza affinché la Chiesa ed i singoli si convertano a Dio nella mente, nel cuore e nello Spirito. È un periodo particolare di preghiera, carità e digiuno. Il tutto per vivere un cambiamento nella mentalità e nel comportamento. È molto interessante sapere che le ceneri preparano al fuoco della Pasqua. In natura prima ci sono i fuochi e poi la cenere. Il fuoco indica la vita, mentre la cenere la morte. La liturgia ci fa partire dalla cenere della morte, indice della fragilità umana e del peccato per farci risorgere nel fuoco dello Spirito

[48] Cfr. Gio 3,4. I niniviti fanno penitenza 40 giorni e si convertono a Dio; 1 Re 19, 8. Elia resta 40 giorni sul monte.; 1 Sam 17, 16 Golia umilia il popolo di Israele per 40 giorni. Gesù passa 40 giorni nel deserto e dopo la resurrezione passerà sulla terra altri 40 giorni prima di ascendere al cielo. Il simbolo dei 40 giorni richiama anche la durata del diluvio universale.

facendoci partecipare alla luce pasquale della grazia e del Signore risorto. Allora nel simbolo viene ripresentato il kerigma cristiano, il passaggio dalla morte alla vita.
San Paolo dice:

Partecipate alle sofferenze di Cristo per poter partecipare alla sua gioia[49].

La quaresima[50] è dunque un periodo di preparazione alla Pasqua che dura quaranta giorni, tempo di preparazione affinché Cristo possa purificare la sposa.
L'itinerario quaresimale è un cammino con tutta la chiesa per la purificazione della stessa ed il rinnovamento della propria vita[51].
La quaresima è un tempo di intimità. Nella Sacra Scrittura il profeta Osea parla del deserto come il luogo dell'intimità di Dio con il suo popolo paragonato all'amore di un uomo e una donna. Il deserto è il luogo dove Dio parla al cuore della sua amata. Questo periodo liturgico è allora il luogo delll'intimità della Chiesa con il suo Dio.
Accanto a questo significato il deserto è anche il luogo della tentazione di Israele, luogo dove il popolo soccombe al male. I 40 giorni sono un richiamo all'esperienza dell'esodo. Gesù nei quaranta giorni passati nel deserto ha insegnato come vincere la tentazione. Il cristiano è chiamato in questo tempo a rinnovarsi nel suo spirito attraverso le armi della penitenza. Sono da sottolineare la preghiera, il digiuno e la carità come strumenti utili e necessari per il rinnovamento spirituale. Nella seconda domenica di quaresima contempliamo la trasfigurazione. La liturgia fa contemplare la luce del Cristo nella sua gloria come anticipo di quella gloria pasquale effusa alla chiesa nella sua resurrezione. Il Cristo trasfigurato sarà lo stesso sfigurato, il più bello dei figli degli uomini è lo stesso dinanzi al quale ci si copre la faccia. La luce della trasfigurazione non è separata dunque dal buio del Golgota, come il risorto non può essere separato dal crocifisso.

---

49 Rm 8, 17
50 BOROBIO D., *La celebrazione nella Chiesa-3. Ritmi e tempi della celebrazione*, ELLE DI CI, Torino 1994, 161-178.
51 Consiglio la lettura di AA.VV. (A CURA DI NATALINO VALENTINI), *E di me sarete testimoni. Itinerario quaresimale dalla contemplazione alla comunione,* Paoline, , 2010.

La quaresima nei suoi tre cicli sviluppa il tema del battesimo, della croce e della conversione. La chiesa tutta vi partecipa affinchè le ceneri del nostro peccato e della nostra corruzione si trasformino nel fuoco della grazia che si è rivelata nella resurrezione del Cristo.
Intimità e tentazione, combattimento spirituale con le armi della penitenza, la teologia dei cicli liturgici sono il modo per prepararsi alla grande solennità pasquale.
La quaresima è un periodo di ascolto profondo della volontà di Dio. La metanoia, non è la semplice conversione, ma il cambiamento di mentalità. Prima di cambiare i gesti , il modo di pensare, di guardare e di sentire devono cambiare in armonia alla volontà del Signore.

La quaresima ha tre cicli (A_B_C): battesimale, penitenziale e pasquale.

Nelle prime due domenica di quaresima la chiesa ci presenta le tentazioni di Cristo e la sua trasfigurazione. L'itinerario che va dal deserto alla Trasfigurazione[52] è una sintesi della stessa quaresima che va dalla lotta spirituale alla contemplazione della vita pasquale.

Il ciclo A[53] ha un carattere battesimale poiché nella III Domenica troviamo il Vangelo della Samaritana ed il richiamo all'acqua che dona la vita eterna. Nella IV Domenica troviamo il Vangelo del cieco nato che richiama colui che inizia a guardare grazie al dono della fede. Colui che deve ricevere il battesimo, come il cieco nato, avrà una nuova luce: la luce della fede. Nella V Domenica il Vangelo della Resurrezione di Lazzaro richiama la morte al peccato e la vita di grazia che viene donata al Battezzato grazie alla partecipazione alla morte e risurrezione di Gesù.

---

[52] Gesù, Mosè ed Elia rappresentano tre quaresime bibliche.
[53] I vangeli del ciclo A sono la Domenica I -Mt 4,1-11 (tentazione), Domenica II- Mt 17,1-9 (Trasfigurazione), Domenica III - Gv 4,5-42(acqua viva), Domenica IV -Gv 9,1-41(guarigione del cieco) Domenica V Gv 11,1-45(risurrezione).

Il ciclo B[54] richiama il carattere pasquale ed ha tre segni: nella III Domenica il tempio distrutto, ricostruito un tre giorni, che allude alla Resurrezione di Gesù; nella IV Domenica l'esaltazione della croce sulla quale viene elevato ed innalzato il Figlio dell'uomo; nella V Domenica il segno del chicco di grano.

Il ciclo C[55] richiama il carattere penitenziale della quaresima, dimensione essenziale per la preparazione alla Pasqua, ma soprattutto l'infinito amore misericordioso di Dio che precede lo stesso pentimento dal peccato.

3.4 IL CICLO DI PASQUA[56]

Il ciclo di Pasqua è caratterizzato da sette domeniche dette di Pasqua che celebrano in un unico giorno il mistero della Resurrezione e del dono dello Spirito e questo tempo si conclude con la grande solennità della Pentecoste.

3.4.1 La settimana Santa

La Domenica delle Palme della Passione fa da ingresso alla Settimana Santa[57]. Il tempo di quaresima si conclude il giovedì santo, la mattina. Da lunedì a mercoledì, la liturgia della Parola, nelle sante messe, celebra fatti significativi che si legano alla Passione di Gesù.

Entrando in Gerusalemme come Messia Gesù si manifesta come colui che è venuto a redimere gli uomini con l'offerta del suo sacrificio.

---

[54] I vangeli del ciclo B sono la Domenica I - Mc 1,12-15 (tentazione), Domenica II- Mc 9,2-10 (Trasfigurazione), Domenica III Gv 2,13-25 (purificazione del Tempio), Domenica IV -) Gv 3,14-21(Gesù il Salvatore) Domenica V Gv 12,20-33 (il chicco di grano).

[55] I vangeli del ciclo C sono la Domenica I - Lc 4,1-13 (tentazione), Domenica II- Lc 9,28-36 (Trasfigurazione), Domenica III Lc 13,1-9 (conversione), Domenica IV - Lc 15,11-32 (il Padre Misericordioso) Domenica V Gv 8,1-11(adultera).

[56]Cfr. Ef 5, 25-27

[57]Cfr. BOROBIO D., *Op. cit.*, 100 - 133.

Della domenica delle palme a Gerusalemme verso l'anno 400 abbiamo una testimonianza storica:

«Dunque, all'ora settima (13.00) tutto il popolo sale al monte degli Olivi, cioè all'Eleona, alla chiesa, e il vescovo pure; si dicono inni e antifone adatte al giorno e al luogo e parimenti si fanno delle letture. Quando ha inizio l'ora nona (15.00), ci si reca al canto di inni all'Imbomon, cioè al luogo da dove il Signore salì al cielo, e là ci si siede; tutto il popolo alla presenza del vescovo è invitato a sedere; solo i diaconi stanno sempre in piedi.
Si dicono anche là inni e antifone adatte al luogo e al giorno: similmente si intercalano letture e orazioni. E quando inizia l'ora undicesima (17.00), si legge il passo del vangelo in cui si racconta che i bambini con rami e palme andarono incontro al Signore dicendo: "Benedetto colui che viene nel nome del Signore" tutti i bambini del luogo, perfino quelli che non possono camminare perché sono troppo piccoli e che i loro genitori tengono al collo: tutti tengono dei rami, chi di palme e chi di olivi; e così si accompagna il vescovo nel modo in cui si accompagnò il Signore in quel giorno.
Dalla sommità del monte fino alla città e di là fino all'Anastasis attraverso tutta la città, tutti, sempre in piedi anche se vi sono dame e gran signori, accompagnano il vescovo dicendo i responsori; e così pian piano, perché il popolo non si stanchi, si giunge che è già sera all'Anastasis. Quando si è arrivati, benché sia tardi, si fa tuttavia il lucernale, un'altra preghiera alla Croce e si congeda il popolo.»[58]

Questa liturgia propone da un lato l'ingresso trionfale di Gesù a Gerusalemme, e dall'altro la sua passione. Vengono accostati insieme il tema della gioia, nell'accoglienza a Gerusalemme, e il tema della sofferenza per la passione di Cristo.

---

[58] Questo testo è di Eteria una monaca spagnola che all'inizio del V sec. fece un viaggio in Palestina, e in un diario descrisse le cose viste per le sue consorelle. A lei dobbiamo la descrizione delle usanze liturgiche a Gerusalemme. In: ETERIA, *Diario di viaggio*, Paoline, Alba 1966, 135-136.

Lunedì santo

Nella prima lettura viene presentato il Servo del Signore[59].

Il Vangelo fa riferimento al banchetto in casa di Lazzaro, a Betania, sei giorni prima[60]della Pasqua. Il nardo che sparge Maria ai piedi di Gesù è un richiamo alla sepoltura dello stesso. Poiché alla morte del Signore, visto il sabato imminente, non ci sarà il tempo di profumare adeguatamente il corpo, il profumo è quello di Betania. Il profumo di Betania è la sola unzione che Gesù ha ricevuto in previsione della sua morte.

Martedì santo.

La prima lettura parla del secondo canto del Servo del Signore[61]. Tale cantico, profeticamente, ci fa entrare nell'intimo della sofferenza di Gesù e nei suoi sentimenti di affidamento totale e di sconfinata fiducia. Il Vangelo ci presenta Gesù cosciente del tradimento di Giuda e del rinnegamento di Pietro[62].

Mercoledì santo.

La prima lettura parla del terzo canto del Servo del Signore[63], che ci presenta in maniera plastica la passione di Gesù. Il Vangelo invece parla del patto che Giuda ha fatto. Gesù a tavola svela a Giuda di sapere che lui è il traditore.

Giovedì mattina

La messa del giovedì mattina è per la memoria del sacerdozio di Gesù e la consacrazione degli Oli Santi, con la partecipazione del popolo tutto. Un' attenzione particolare in questa eucarestia è data ai vescovi, sacerdoti e diaconi in quanto ministri ordinati nei tre gradi del sacerdozio nella Chiesa. Ad esultare è tutto il popolo che è

59 Cfr. Is 42, 1-7.

60 Cfr. Gv 12, 1-11.

61 Cfr. Is 49, 1-6.

62 Cfr . Gv 13, 21-33.36-38.

63 Cfr. Is 50, 4-9a.

sacerdotale. Gli oli benedetti sono il crisma[64], l'olio per i Catecumeni[65] e l'olio per gli infermi[66].

3.4.2 Il giovedì santo: la Messa nella Cena del Signore

È il Concilio di Cartagine del 387 che parla, per la prima volta di una celebrazione eucaristica il giovedì santo[67]. Agostino, invece, in una lettera[68], parla di due celebrazioni lo stesso giorno: una al mattino, per chi non riusciva a continuare il digiuno fino a sera, e l'altra al tramontare del sole. E' dal V secolo che si attesta la lavanda dei piedi, gesto rituale però separato dalla celebrazione eucaristica.

Nel VI secolo a Roma, il giovedì santo, si teneva una celebrazione per la riconciliazione dei peccatori mentre la celebrazione eucaristica era rimandata esclusivamente alla veglia pasquale. E' dal VII secolo che troviamo la celebrazione di tre messe: al mattino per i penitenti, a metà giornata per la consacrazione degli oli e la sera. Le ultime due celebrazioni eucaristiche non prevedevano alcuna liturgia della Parola. Nel X secolo vi era solo la messa per consacrare gli oli e la messa della sera.

Soltanto più tardi l'eucarestia verrà conservata, in un luogo provvisorio, per essere adorata e consumata il giorno seguente.

L'itinerario quaresimale iniziato il mercoledì santo termina con la messa crismale. A differenza della quaresima il colore liturgico è il bianco e il Gloria viene cantato per sottolineare la gioia per i doni offerti alla chiesa tutta in questo giorno. In questa eucarestia il vescovo concelebra con il presbiterio per sottolineare la comunione della Chiesa, ribadendo l'unità del sacerdozio di Cristo. Per questo motivo e per antichissima

---

[64] Olio d'oliva con essenze profumate che serviva per consacrare i re, i sacerdoti ed i profeti. Nella tradizione cattolica viene usato per consacrare gli altari e le chiese. Sacramentalmente è usato per il Battesimo, la Cresima e il sacramento dell'Ordine Sacro.

[65] E' il segno della forza spirituale contro il potere del male, dello Spirito contro Satana.

[66] E' il segno della guarigione spirituale o anche corporale che opera la redenzione unita nel dolore di Cristo.

[67] GIROLAMO, *Epistola 77*.

[68] AGOSTINO, *Epistola 54,5*.

tradizione della Chiesa, in questo giorno sono vietate tutte le celebrazioni senza il popolo. In questa messa il Vescovo consacra gli oli, per la Veglia. Il popolo di Dio prega per il vescovo e per i suoi sacerdoti sostenendoli nel loro compito così gravoso. Si comprende, in questa celebrazione, che il sacerdozio è per la santificazione del popolo di Dio. Cristo è proposto come modello di ogni sacerdote.

CAPITOLO IV

IL CENTRO DELL'ANNO LITURGICO

4.1 Il Triduo Pasquale

Il triduo di Pasqua[69] è il nucleo centrale di tutto l'anno liturgico.

Messa in Cena Domini

È l'inizio del triduo pasquale che celebra la passione, sepoltura e resurrezione del Signore. In questa celebrazione si fa memoria del dono dell'Eucarestia, del sacerdozio sacramentale e del comandamento dell'amore. In questo giorno, la liturgia propone il segno della lavanda dei piedi che lega la partecipazione eucaristica all'amore per il prossimo.

Il rito

Il Triduo comincia con la Cena Domini e si conclude con i Vespri della domenica di Pasqua. La messa è aperta con la processione degli Oli consacrati nella messa crismale che vengono deposti sull'altare. Gli oli saranno incensati e successivamente custoditi presso il battistero. Saranno utilizzati per la prima volta nella Veglia Pasquale.
In questo giorno si fa memoria del dono dell'Eucarestia e del sacerdozio ministeriale. Il Signore inoltre fa dono alla Chiesa tutta del comandamento dell'amore. In ogni comunità tale celebrazione deve essere unica. Il vangelo di Giovanni presenta la lavanda dei piedi: Gesù compie un gesto proprio degli schiavi e, nel simbolo, offre la sua vita ai

[69] Per approfondire AGOSTINO CLERICI, *Incontrare il Risorto. Riflessioni per il Triduo pasquale*, Paoline, Alba , 2010; DANIELE PIAZZI, *Preparare e celebrare il Triduo pasquale. Riti, letture, canti, monizioni e commenti*, Queriniana, 2008.

piedi degli uomini. La lavanda dei piedi[70] è il segno esteriore che parla del Cristo che si è svuotato della sua vita per poi riprenderla dal Padre suo.
A tempo opportuno dopo la celebrazione sarà spogliato l'altare e le croci verranno tolte o coperte con un velo rosso o violaceo, tranne se ciò è stato già fatto la quinta domenica di quaresima.
Dopo la celebrazione la Chiesa resta in adorazione solenne fino alla mezzanotte, senza solennità, presso l'altare della reposizione. L'adorazione può essere protratta il venerdì, prima della celebrazione della Passione.

4.2 Venerdì santo

C'è una relazione tra Natale e venerdì santo. Il Natale è anticipazione della *kenosis*, dell'annientamento del Figlio che si compirà il venerdì santo, per la redenzione degli uomini. Gesù facendosi uomo muore come Dio a Natale, il venerdì santo sulla croce muore l'uomo Gesù, l'eterno figlio di Dio incarnatosi per la nostra salvezza.
In questo giorno, per antichissima tradizione la Chiesa non celebra l'eucarestia perché vive la scomparsa del suo Signore. In questo giorno penitenziale è chiesta l'astinenza e il digiuno[71].La celebrazione della Passione è da farsi intorno alle ore 15, che corrisponde all'ora della morte del Cristo[72].
La liturgia è caratterizzata da tre momenti: la liturgia della Parola, l'adorazione della croce e la comunione.
Nella liturgia della parola si legge interamente il testo della Passione dal Vangelo secondo Giovanni. Terminata la proclamazione del Vangelo, si tiene l'omelia che è obbligatoria e successivamente si tiene la Preghiera universale, composta da dieci invocazione, cui i fedeli partecipano stando in piedi e rispondendo "Amen".

---

[70] Il rito è facoltativo e si svolge dopo l'omelia.
[71] Tale obbligo è richiamato dal Catechismo della Chiesa Cattolica e dal Diritto Canonico (cc 1249-1253).. Fu rivisto ed aggiornato da Paolo VI nella Costituzione Apostolica "Poenitemini" il 17.02.1966. la CEI IL 4.10.1994 ha dato alle chiese italiane nuovi orientamenti e normative con un Nota pastorale, particolarmente nei numeri 13.14-15.
[72] Cfr. Mt 27,45.

Nel secondo momento si fa l'adorazione della Croce durante la quale si possono fare canti adatti o leggere inni, alcuni dei quali proposti dallo stesso Messale. I fedeli rivolgono verso la croce un gesto di venerazione.
Il terso momento è la comunione eucaristica. Viene introdotto dalla preghiera del Padre Nostro e segue la comunione. Successivamente si dice l'orazione dopo la comunione e si congeda l'assemblea.
L'adorazione della Croce continuerà per tutto il sabato, fino alla preparazione della Veglia Pasquale.

4.3 Sabato santo

Il sabato santo è caratterizzato da un lato dalla tristezza della morte del Cristo presente nel sepolcro, ma dall'altro dal senso di una speranza nuova che è attesa della risurrezione, la quale sarà celebrata nella solenne veglia. In questo giorno si consiglia di prolungare il digiuno e l'astinenza del venerdì. Anche il sabato santo non c'è messa. La liturgia consentita questo giorno è la Liturgia delle Ore da celebrarsi possibilmente comunitariamente. Gli altari sono spogli, le candele spente. È questo il giorno della discesa agli inferi di Gesù, verità dogmatica proclamata nel Credo. In questo giorno è centrale il silenzio, il raccoglimento e la meditazione. In questo giorno non si può ricevere neppure la comunione, tranne il caso di ammalati gravi.

4.4 La Veglia Pasquale[73]

Il Poema della Quattro Notti

«Sono quattro le notti che sono iscritte nel libro delle memorie. La prima notte Dio si manifestò sul mondo per crearlo. Il mondo era confusione e tenebre. Le tenebre erano diffuse sull'abisso. La Parola di Dio era la luce e brillava. La chiamò prima notte.

[73] SANT'AGOSTINO, *Sermone 19.*

La seconda notte JHWH apparve ad Abramo che aveva novanta anni per compiere la scrittura che dice: Forse che Abramo genererà e Sara partorirà? Isacco aveva trentasette anni quando fu offerto sull'altare ... La chiamò la seconda notte.
La terza notte JHWH apparve agli egiziani nel mezzo della notte: la sua mano uccideva i primogeniti degli egiziani e la sua destra proteggeva i primogeniti di Israele perché si compisse la Scrittura che dice: Il mio figlio primogenito è Israele. La chiamò la terza notte.
La quarta notte il mondo arriverà alla sua fine per essere dissolto; i gioghi di ferro saranno spezzati e le generazioni perverse saranno annientate. Mosè salirà dal mezzo e il re messia verrà dall'alto. Uno camminerà alla testa del gregge e l'altro camminerà alla (altra) testa del gregge e la sua Parola camminerà fra i due. Io e loro cammineremo insieme. È la notte di Pasqua per la liberazione di tutto Israele».[74]

Sant'Agostino definisce questa Veglia *"madre di tutte le veglie"*.
La domenica dopo la prima luna piena di marzo i cristiani celebrano la Pasqua fonte di felicità, fiducia e speranza di tutta la Chiesa.

a) Il lucernario

La Chiesa si illumina della splendida luce della resurrezione di Cristo.
Il lucernario è caratterizzato da quattro momenti: la benedizione del fuoco, la preparazione del cero, la processione e l'Annunzio Pasquale.
Il sacerdote saluta il popolo e benedice il nuovo fuoco. Successivamente si avvia in processione che è aperta dal cero pasquale La Chiesa è buia. Dopo tre soste in cui si canta "Cristo luce del mondo" ed il popolo risponde "Rendiamo Grazie a Dio" si accendono le luci della Chiesa, mentre alla seconda intonazione tutti i fedeli accendono la candela attingendo alla luce del cero. A questo punto il cero viene incensato ed anche

---

[74] TgN Es 12,42

il testo dove si trova il "*Preconio*[75]". Durante il canto dell'annuncio pasquale tutti stanno in piedi, con la candela accesa. Alla fine tutto il popolo acclama "Amen".

b) La liturgia della Parola

La liturgia della Parola è abbondantissima e ricchissima. Vengono proposte nove letture: sette dell'Antico Testamento e due del Nuovo. Per motivi pastorali ci può essere una riduzione. La liturgia della Parola ha un ruolo fondamentale nella Veglia Pasquale. Dell'Antico Testamento devono essere lette almeno tre letture e non deve essere mai omesso il testo della Pasqua del popolo di Israele[76]. Al termine di ogni lettura c'è una orazione proclamata dal sacerdote. All'ultima orazione del'Antico Testamento vengono accese le candele dell'altare, si resta in piedi, e viene solennemente intonato il Gloria. Dopo la lettura dell'Epistola si canta solennemente l'Alleluia per la proclamazione del Vangelo. L'omelia conclude la liturgia della Parola.

c) La liturgia battesimale

Dopo l'omelia segue la liturgia battesimale. Il cero pasquale apre la processione verso il fonte battesimale. Il fonte aperto avrà acqua nuova. I bambini da battezzare vengono portati al fonte dai padrini e dai genitori; i catecumeni, se presenti, verranno chiamati per nome e presentati dai loro padrini. Con la litania dei santi la chiesa celeste si unisce alla chiesa itinerante sulla terra. L'acqua viene benedetta e si segue il rito del Battesimo. Successivamente i riti esplicativi con l'unzione crismale e la consegna della veste bianca. In questa notte non si dice il Credo perché sostituito dalle promesse battesimali che il sacerdote rivolge all'assemblea.

[75] Chiamato anche *Exultet* è un antico testo cantata nella Veglia Pasquale che proclama la vittoria di Cristo sulla morte ed invita a gioire della sua Resurrezione, facendo memoria della storia della salvezza.

[76] Es 14,15-15,1.

d) Liturgia Eucaristica

Eucarestia è il culmine della Veglia Pasquale. Attraverso questo sacramento facciamo esperienza del Risorto attraverso il dono della fede.

4.5 Giorno di Pasqua

Questa è la domenica che da senso a tutte le altre domeniche.
Nel giorno di Pasqua è importante leggere la Sequenza[77], anche se facoltativa. È un brano poetico medioevale che sottolinea la solennità del giorno. E' bene curare ogni aspetto della celebrazione per vivere pienamente questa solennità più di ogni altra.
Gesù è un frutto di pace; manda ad annunciarla ai pastori e nella sua resurrezione la porta lui stesso[78].

4.6 Il tempo di Pasqua

Nel tempo di Pasqua non si leggono nel lezionario brani dell'Antico Testamento. La prima lettura è sempre dal libro degli Atti degli Apostoli. È nelle domeniche del tempo di Pasqua che nelle parrocchie, in genere, vengono celebrate le prime comunioni e le cresime.
I 50 giorni del tempo pasquale sono contemplazione del mistero della resurrezione. Il numero 50 richiama la pienezza ed il compimento di questo mistero. Questi 50 giorni devono essere vissuti come un unico grande giorno
Tempo pasquale è tempo dello Spirito che il Padre ha donato, lo Spirito che ha risuscitato Cristo dei morti. È il tempo dei segni dello Spirito: i sacramenti, doni per la nostra salvezza. È questo il periodo ideale per sottolineare i sacramenti. Ogni sacramento senza lo Spirito non avrebbe alcuna efficacia per la salvezza.

---

[77] Il testo è attribuito al musico e poeta Vita da Borgogna (970-1050 d. C.)
[78] C.M. DE BAR, *Non date tregua a Dio*, Jaca Book, Milano, 1979, 88.

La Pentecoste ha inaugurato il tempo della Chiesa. Non è un caso che durante questi giorni si legga il libro degli Atti degli Apostoli e non più l'Antico Testamento
La cinquantina pasquale nella Pentecoste celebra il dono dello Spirito a tutta la Chiesa.
È interessante sapere che nel Rito Bizantino,nella 1 domenica dopo Pentecoste si celebra la festa di tutti i santi, quasi a sottolineare che la santità è la firma dello Spirito nella carne degli uomini.

4.6.1 Ottava di Pasqua

La Chiesa nella sua storia ha privilegiato i primi otto giorni di Pasqua, la prima settimana del rinnovamento spirituale, visto lo spirito mistagogico per il rinnovamento della vita dopo il battesimo dei catecumeni. Durante i giorni dell'ottava il congedo è uguale al giorno di Pasqua. *I primi otto giorni del tempo pasquale costituiscono l'ottava di Pasqua e sono celebrati come solennità del Signore. Nel congedare il popolo dalla Messa si aggiunge un duplice "Alleluia, Alleluia"alla monizione la Messa è finita*[79].

4.6.2 Le domeniche di Pasqua

È la domenica in cui per i neofiti si conclude la settimana mistagogica. Tale termine si riferisce ai misteri ricevuti che chiedono però di essere approfonditi per tutta la vita, conformando ss stessi alla vita nuova in Cristo Signore. Questa domenica "in albis depositis"[80], è chiamata della "Divina Misericordia" per sottolineare il perdono pasquale che il Signore dona sempre. E' chiamata popolarmente la domenica di S. Tommaso per l'apparizione, otto giorni dopo la Resurrezione, nel cenacolo all'apostolo "incredulo".
E' la domenica del Buon Pastore. In questa domenica si celebra la giornata mondiale delle vocazioni.

---

[79] Cerimoniale dei vescovi, 373.
[80] Era chiamata così perché, in questo giorno, nella chiesa antica i neofiti lasciavano le vesti bianche ricevute il giorno del Veglia Pasquale, durante il loro Battesimo.

4.6.3 L' Ascensione

L'Ascensione è una festa importantissima. Indica la costituzione della signoria di Gesù come Signore del cielo e della terra, pieno di gloria e di onore. Egli che è disceso ascende lasciando il mandato missionario dell'annuncio in tutto il mondo. Egli riprende la dimora nella gloria e l'umanità assunta dal Figlio eterno entra nella gloria. Egli è il capo e la chiesa, membra del suo corpo, parteciperà alla sua stessa gloria. È nell'Ascensione che a Gesù è dato ogni potere in cielo ed in terra. Egli asceso al cielo, siede alla destra di Dio e tornerà gloriosamente alla fine della storia per riconciliare ogni cosa. L'ascensione inaugura il tempo dello Spirito effuso a Pentecoste.

4.6.4 La Pentecoste

La Pentecoste è celebrata a culmine delle sette settimane più l'ottavo giorno. La pentecoste è l'espressione più compiuta della gioia donata nella Veglia Pasquale. Per i contadini questa festa era celebrata per il raccolto. Il popolo di Israele gli darà un senso religioso celebrando il dono della legge di Dio sul monte Sinai. In quel giorno, l'anno 30 d.C. A Gerusalemme, nel Cenacolo fu effuso lo Spirito e da allora la Chiesa ha iniziato la sua storia. Nella chiesa Cristo rende presente la Parola ed i suoi gesti di salvezza. La legge non è più scritta su tavole di pietra, ma nei cuori di carne. Lo Spirito che investiva i giudici, i profeti, i re ed i sacerdoti da ora in poi potrà essere effuso su ogni uomo e bambino.

La Pentecoste è la pienezza della grazia

La Pentecoste celebra la discesa dello Spirito perché i cristiani possano essere sostenuti. Per tanti secoli, nella Chiesa Cattolica, lo Spirito non ha avuto quella attenzione degna che Cristo ha chiesto nel Vangelo.

La Pentecoste nella tradizione ebraica era la "festa delle settimane", era inizialmente una festa agricola che celebrava i raccolti attraverso il dono della terra. Successivamente assumerà un significato religioso celebrando il dono della Legge. La Pentecoste cristiana

invece celebra il dono dello Spirito effuso proprio a Pentecoste. In essa si celebra l'inizio della Chiesa. La festa di Pentecoste cade tra il 10 maggio ed il 13 giugno.
Lo Spirito è il Consolatore[81] che Gesù ha mandato per donarci la vita. Lo Spirito ci apre alla conoscenza e ci permette, come il sordomuto del Vangelo[82] di ascoltare la Parola di Gesù e proclamarla con la vita.
Nel Vangelo di Giovanni esiste la cosiddetta Pentecoste[83]: Gesù dona il suo Spirito soffiando sugli Apostoli. E' il gesto che compie Dio alla creazione di Adamo. Il dono dello spirito è dunque una nuova creazione per l'uomo perché gli viene donata una vita nuova. Se prima l'uomo partecipava del respiro di Dio nella creazione, adesso per merito del Figlio lo Spirito è donato per la sua redenzione e santificazione. È lo Spirito dunque che ci rende capaci di Dio. È nel dono dello Spirito che Gesù offre la pace, quella vera che viene da Dio.
Nel libro degli Atti la Pentecoste richiama il racconto eziologico della torre dove Dio confuse le lingue. Nello Spirito vengono superate tutte le barriere. Il corpo di Cristo, la Chiesa, comprende tutte le lingue e si fa comprendere da tutti, per poter portare il messaggio di salvezza, secondo il comando di Cristo, a tutti i popoli della terra. È lo Spirito che viene a ristabilire la pace tra tutti gli uomini. In Cristo, per il dono dello Spirito, ogni uomo si riconosce fratello.
Lo Spirito dona la gioia ed il coraggio di annunciare Cristo fino al dono totale di sé.
Gli apostoli da persone paurose sono dunque pronte a tutto.
Il dono dello Spirito a Pentecoste ricalca l'antica alleanza del popolo di Israele sul monte Sinai, dove c'è l'epifania di Dio attraverso lampi, vento, fuoco e fragore. Lo Spirito donato è la realizzazione dell'unione tra le persone, non nell'omologazione, ma nell'armonia delle differenze. È il battesimo che ci fa partecipare alla Nuova Alleanza in Gesù Cristo. La grazia che è donata esige anche il rinnovamento morale dell'esistenza

[81] Cfr. Gv 14, 16-18; ; 14, 26; 15, 26-27.
[82] Mc 7, 31-37.
[83] Cfr. Gv 20, 19-23.

per passare dalla logica del precetto, all'impulso della grazia che è spinta all'amore nella libertà, guidati dallo Spirito.

È lo Spirito che permette alla Chiesa in ogni spazio e tempo di fare "memoria"[84] vivendo la Parola come "*dabar*", come evento di salvezza.

Lo Spirito permette la presenza del Cristo Risorto fino alla fine del mondo. Lo spirito è l'anima della Chiesa e realizza il vangelo.

A Pentecoste si realizzano le profezie di Geremia ed Ezechiele sulla promessa di un cuore nuovo ed uno spirito nuovo.

Senza lo Spirito Santo la Chiesa sarebbe una inutile e vuota istituzione, i sacramenti sarebbero inefficaci e la liturgia si ridurrebbe ad in cerimonialismo insensato ed inconcludente.

[84] Il memoriale non è una rievocazione, ma è ricreazione nel presente, è attuazione ed evento nell'oggi di ciò che è accaduto, storicamente, una volta per sempre.

CAPITOLO V

Le Solennità e le feste del Signore nel tempo ordinario

La Chiesa celebra il Signore con quattro solennità durante l'anno liturgico: la Santissima Trinità, il Corpus Domini, il Sacro Cuore di Gesù e la festa di Cristo Re dell'Universo.

5.1 La Santissima Trinità

Dalla Trinità veniamo ed alla Trinità torniamo. Dio è comunione d'amore, è relazione di persone e non solitudine. In questa festa la Chiesa contempla Dio comunione e perfezione. Contempla la Trinità nelle sue relazioni (ad intra) e nella sua manifestazione nella storia (ad extra). Il Dio creatore che ha mandato il Figlio a redimere il mondo e a santificare gli uomini per mezzo dello Spirito è la comunità d'amore che deve essere proiettata nella Chiesa, icona della Trinità.
Nel mistero della relazione più si ama perdendosi nell'altro e più ci si ritrova in se stessi. Qualcosa del genere ci può aiutare per entrare nel mistero della Trinità. Ognuno è persona in quanto entrambe le persone sono una comunione. La Trinità è la fonte di ogni cosa a cui tutto torna. La Trinità illumina il senso del nostro esserci. Il Padre è amore che offre il Figlio all'umanità. Il Figlio ci redime con il suo sacrificio facendosi egli stesso grazia di salvezza per l'umanità tutta. Lo Spirito ci lega nell'amore facendoci sperimentare la comunione. Dalla Trinità impariamo "la convivialità delle differenze" (espressione celebre di d. Tonino Bello). Dio già con Israele aveva mostrato il suo volto di misericordia e benevolenza. Nel Figlio ha rivelato il suo mistero: salvare l'umanità tutta perché gli uomini giungano alla felicità. È lo Spirito che rende presente nella liturgia tale mistero di salvezza che viene partecipato agli uomini per il dono della fede. È la liturgia tutta che è Trinitaria. Pensiamo al segno della croce, al Credo. Le tre invocazioni: la colletta, l'orazione sulle offerte e quella successiva alla comunione sono rivolte al Padre. Anche il prefazio e la preghiera eucaristica sono rivolte al Padre. Tutto

per mezzo del Figlio che è mediatore dell'umanità. Durante la celebrazione eucaristica ci sono due epiclesi: sul pane e sul vino la prima e sul popolo di Dio affinché diventino Cristo. Epiclesi vuol dire invocazione dello Spirito. Con l'imposizione delle mani del Sacerdote lo Spirito scende a trasformare il pane e il vino nel corpo e sangue di Gesù. La seconda epiclesi sul popolo di Dio è meno evidente poiché non c'è il gesto dell'imposizione delle mani, ma c'è una invocazione orale.

5.2 Il Corpus Domini

È una festa di origine medievale. L'eucarestia[85] è il segno dell'assoluta presenza di Cristo, segno preparatore sulla terra dell'eterna Pasqua. L'eucarestia è pane vivo, nutrimento nel cammino, primizia d'immortalità e farmaco d'incorruttibilità. La Chiesa, in quanto nuovo e vero Popolo di Dio, si riconosce in questo memoriale della Nuova Alleanza. Eucarestia deve essere celebrata per edificare la Chiesa.

Dio nel suo amore ci guida al bene nutrendoci con il pane della vita ed il calice della salvezza. L'eucarestia ha un ruolo centrale nella vita della Chiesa in quanto vertice della storia della salvezza[86]. È il cibo e la bevanda di cui si sono nutriti i santi che partecipano alla liturgia nella comunione. Gesù che è nutrimento nel cammino ci sostiene nell'itinerario verso il cielo alla mensa del Regno. L'eucarestia è il sacrificio della Nuova Alleanza che ci fa pregustare il Regno Celeste purificandoci dal male.

Dio nel suo amore ha nutrito Israele nel cammino faticoso del deserto con la Manna (Cfr. Dt 8, 3-16). L'eucarestia è il segno pasquale di salvezza del Padre, è il sommo bene di tutta la comunità cristiana perchè la vita diventi a sua volta un rendimento di grazie. L'eucarestia è l'agnello di Dio che con il suo sangue ci ha donato la salvezza. Facendo la comunione ci nutriamo della vita divina che diviene nostra linfa spirituale. Il banchetto

[85] Per ulteriori approfondimenti cfr. RINALDO FALSINI, Chiesa eucaristica e costituzione liturgica conciliare, in Rivista di Pastorale Liturgica, n. 233 (2002) 59-65

[86] Nell'ORGM troviamo i contenuti magisteriali fondamentali per vivere correttamente una celebrazione per partecipare pienamente all'eucarestia.

eucaristico è segno sulla terra del banchetto delle nozze eterne, alla fine dei tempi, tra Cristo e l'umanità. È nutrendosi del corpo di Cristo che la Chiesa diviene Cristo stesso, membra unite al suo capo. È Cristo che celebra l'eucarestia come sacerdote eterno, offrendo se stesso per la rigenerazione della Chiesa. Dall'Eucarestia i battezzati traggono la forza per essere inviati nel mondo perchè l'annuncio di salvezza giunga sino ai confini della terra. La chiesa si riconosce nel convito eucaristico attraverso il dono che il suo Signore fa di se stesso. Nello Spirito la presenza misteriosa del Cristo, nel sacramento di vita eterna, è garanzia fino alla fine dei tempi. L'Eucarestia è il mistero reso visibile venuto a saziare i cuori di eternità, portando il cielo sulla terra, facendoci riconoscere figli alla mensa del Padre. Il sole immenso che dona la vera gioia si fa luce del cuore attraverso l'Eucarestia rendendo, lì dove il mistero è accolto, l'esistenza stessa eucaristica. Nell'Eucarestia conosciamo il cuore di Dio come presenza nel mondo. Ad Emmaus è il pane di vita che permette di riconoscere Gesù. È sempre l'Eucarestia a renderci corpo unico, donandoci la gioia dello Spirito e la comunione con i fratelli. È l'Eucarestia che ci trasforma in veri cristiani capaci di essere portatori di carità e voce stessa del Signore.

"*La Chiesa vive nell'Eucarestia fin dalle sue origini. In essa trova la ragione della sua esistenza, la fonte inesauribile della santità, la forza dell'unità e il vincolo di comunione, l'impulso della sua vitalità evangelica, il principio della sua azione di evangelizzazione, la sorgente della carità e lo slancio della promozione umana, l'anticipo della sua gloria nel banchetto eterno delle nozze dell'agnello*"[87]

La celebrazione eucaristica è dunque il dono pasquale del Signore, la sua cena. Tale celebrazione fu denominata da subito frazione del pane e successivamente Eucarestia e santa messa. L'Eucarestia rende l'etica del Cristo, da ricco che si fa povero. La liturgia dei cristiani è un' etica di donazione, etica di comunione: un pane spezzato per tutti.

---

[87] XI Assemblea Generale Ordinaria del Sinodo dei vescovi, *Instrumentum laboris*, Prefazione.

La celebrazione eucaristica non è un rito, ma l'offerta stessa di Cristo nel sacrificio incruento del pane e del vino.[88]

5.3 Il Sacro Cuore di Gesù

È bene distinguere la devozione dalla festa, anche se vi è, evidentemente, una connessione. La devozione è la pratica dei primi nove venerdì del mese che consiste nel comunicarsi in uno stato di grazia. Questa pratica permetterebbe la salvezza dell'anima per la promessa che Gesù avrebbe rivelato a Santa Maria Alacoque.
La festa invece si celebra il venerdì successivo alla solennità del Corpus Domini. La data oscilla tra il 29 maggio e 2 luglio, a seconda della data di Pasqua.
È diventata festa universale nel 1856 anche se fu celebrata in Francia per la prima volta nel 1672. Il giorno successivo a questa festa viene celebrato il Cuore Immacolato di Maria, per sottolineare l'intima relazione tra Gesù e Maria.

5.4 Cristo Re dell'Universo

Questa solennità celebra Cristo nella sua signoria, dominatore del tempo e della storia. Tale titolo viene dato dai Vangeli e affermato dallo stesso Gesù. Lo stesso cartiglio della croce lo affermerà. Tale titolo non è dunque un'affermazione successiva rivendicata dalla Chiesa.
Questa festa è stata istituita da Pio XI con l'Enciclica *Quas primas*, l'undici dicembre del 1925ed è il punto di arrivo di un percorso che parte dal 1899, da papa Leone con la consacrazione universale al cuore di Gesù. In un periodo dove era dominante il totalitarismo, questa festa fu istituita per ricordare a tutti che l'unico Re, a cui va riconosciuta la piena signoria, è soltanto Gesù Cristo, Signore del tempo e della storia. Nella nostra tradizione cattolica questa festa è celebrata a conclusione dell'anno

---

[88] Per approfondire la riflessione Cfr. RENATO ROSSO, *La consegna. Fate questo in memoria di me*, Effatà, 2010.

liturgico. È da notare che tale festa è celebrata, tra quelle principali, dai fratelli separati della chiesa luterana.

5.5 Le due feste del Signore

La tradizione cattolica dedica al Signore, durante l'anno liturgico due feste il cui valore cristologico è di fondamentale importanza: la Trasfigurazione di Cristo e la festa dell'Esaltazione della Croce.

5.5.1 La Trasfigurazione del Signore

Questa festa della Trasfigurazione[89] si celebra il 6 agosto. È sentita moltissimo per i suoi significati soprattutto dalle Chiese orientali. Contempla il Cristo trasfigurato sul monte in dialogo con Mosè ed Elia. La montagna nella Scrittura è il luogo dove Dio si rivela agli uomini. Gesù dialoga con i due veggenti dell'Antico Testamento che simboleggiano la Legge ed i Profeti. La luce increata di Cristo emanata è già contemplazione della luce del Risorto e segno della gloria che è destinata ai seguaci di Gesù. Il Cristo sfigurato sulla croce, nel buio della terra, l'uomo dinanzi al quale ci si copre la faccia è contemplato in questa festa come il più bello tra i figli dell'uomo, luminoso e trasfigurato nella gloria.

5.5.2. L'esaltazione della Croce

Salve, o Croce preziosa, guida dei ciechi, medicina degli infermi, resurrezione dei morti[90]

Questa festa è celebrata da più confessioni cristiane. Molto sentita nella tradizione ortodossa[91], ma ha un alto significato anche nella liturgia cattolica.

---

[89] Fonti sono Mt 17,1-8; Mc 9, 2-12; Lc 9, 28-36; Apocalisse di Pietro, GREGORIO DI NISSA, *Vita di Mosè;* ROMANO IL MELODE, *Inni*.

[90] Testo ortodosso per la festa chiamato *Aposticha*.

Per far dimenticare i luoghi della Passione sul Golgota fu fatto costruire un tempio dedicato alla dea Venere dall'imperatore Adriano. Successivamente Macario, vescovo di Gerusalemme, chiese a Costantino di distruggere il tempio per cercare il sepolcro di Gesù. Costantino acconsentì vista la vittoria che aveva avuto al Ponte Milvio dopo l'apparizione della Santa Croce. Gli scavi furono seguiti da Santa Elena, madre dell'imperatore. L'imperatore Costantino aveva permesso il culto ai cristiani nel 325, con l'editto di Milano. Nel 326 S. Elena trovò il sepolcro di Gesù e non distante di lì tre patiboli, i chiodi e la scritta della crocifissione. Su quel luogo sorse la Basilica del Santo Sepolcro che fu consacrata il 13 settembre del 335. La festa fu istituita il giorno successivo. Per gli ortodossi è una delle 12 grandi feste. Nella tradizione cattolica il giorno dell'adorazione della croce è il venerdì santo mentre il 14 settembre si celebra la memoria liturgica.

[91] Fonti molto interessanti sono di ANDREA DI CRETA, *Omelia sull'Esaltazione della Croce,* di ROMANO IL MELODE, *Inni,* e di GREGORIO DI NISSA, *Omelia sulla Resurrezione.*

CAPITOLO VI

6.1 Il culto

Una distinzione fondamentale è la differenza tra adorazione e venerazione. Solo Dio va adorato, il Dio uno e trino. La venerazione invece è un onore che si rivolge particolarmente a Maria, Madre di Dio ed ai santi. Non può, questa sostanziale differenza, passare mai in secondo piano nella stessa devozione personale, altrimenti si rischia di scivolare in forme di mariolatria o idolatria. Il culto delle immagini non può assolutamente, ad esempio, scivolare in forme idolatriche.

Un'altro distinguo necessario tra liturgia e devozione. Anche se non sempre i confini sono stati netti è importante far discernimento tra ciò che è liturgia e ciò che non lo è. La novena di Natale è una devozione da distinguersi dal tempo di Avvento in preparazione al Natale che inizia il 17 dicembre, mentre la novena inizia il 16. La tradizione del primo venerdì del mese, nei primi nove mesi dell'anno in onore al Sacro Cuore, è una devozione e non può assolutamente assumere una attenzione maggiore rispetto alla domenica che è il giorno del Signore. Lo stesso rosario alla Madonna o la coroncina della misericordia sono devozioni e non atti liturgici. Pensiamo alle processioni che attirano il popolo per il loro coinvolgimento emotivo ed il loro significato rappresentativo. Purtroppo se ci si ferma in tali manifestazioni al livello emotivo, si rischia di non vivere un'autentica esperienza spirituale, tanto da ritenere una processione qualsiasi più importante della processione del "Corpus Domini", dove non sono le statue, ma l'Eucarestia, Cristo stesso, ad essere portata in processione.

Appartengono alla liturgia i Sacramenti ed i sacramentali. Tra le due realtà c'è una certa similitudine. I sacramentali sono istituiti dalla chiesa e prolungano i sacramenti aiutando gli uomini a seguire meglio gli effetti dei sacramenti. I Sacramenti sono di istituzione divina, voluti da Cristo. I sacramentali sono stati creati della chiesa. I

Sacramenti producono la grazia. Il Sacramentale è efficace per la forza dell'intercessione.

6.2 Il culto dei Martiri

Culto dei martiri è precedente al culto mariano. Molti aspetti di entrambi hanno a che fare con la pietà popolare[92]

Fin dall'inizio il culto ai martiri era legato alla coscienza della redenzione pasquale. Il martire infatti è colui che ha conformato se stesso al mistero di Gesù, donandosi sino alla morte. Tale concetto verrà orientato anche per i confessori della fede per la "testimonianza"ecclesiale.

I martiri hanno avuto da sempre grande venerazione. I martiri hanno offerto per Cristo la vita. I cristiani fin dall'inizio hanno cercato di liberare il culto per i defunti dal paganesimo. I padri criticavano ogni fede negligente poichè facile a cadute superstiziose. La critica dell'ateismo si fonda sul pensiero più alto perchè niente (nessun ente) corrisponde a Dio. I martiri obiettano con la vita che Dio non è un nome, è colui dal quale la vita viene e la vita torna. In questo l'ateismo è inconsistente a livello esistenziale. I martiri ci dicono con l'esempio cos'è la fede. Non si muore per una idea, ma per una persona. Il martire ci invita ad uscire dall'ateismo pratico, da un atteggiamento di sostanziale indifferenza. Come diceva Nietzsche, chi cerca Dio viene deriso, non criticato. Oggi il rischio, come cristiani, è essere indifferenti a migliaia di persone che hanno offerto la vita per Gesù. La coscienza credente deve reagire ad una sorta di indifferentismo cultuale nei confronti dei martiri soprattutto oggi. I martiri invitano a trascendere il nostro pensiero entrando nella logica dell'offerta, del dono, nell'ottica del chicco di frumento che morendo e sparendo nella terra diviene vita nuova, spiga. Nella liturgia i martiri sono stati da subito riferimento sicuro. Costituiscono una

[92] Per approfondire Cfr. CONGREGAZIONE PER IL CULTO DIVINO E LA DISCIPLINA DEI SACRAMENTI, *Direttorio su pietà popolare e liturgia. Principi ed orientamenti.*, Libreria Editrice Vaticana, Città del Vaticano, 2002.

fortissima relazione con la comunione dei santi. Cancellare la dimensione profonda del culto dei martiri, porta a smarrire il senso del trascendente. I martiri sono modello di uomini e donne assetati di trascendente. Da subito ai martiri viene attribuito un culto particolare. È dal VI secolo che, con maggiore coscienza ecclesiologica la chiesa esalta questi eroi della fede per il loro ruolo di testimoni. Il documento più antico è *Depositio Martyrum* del 354 in cui si racconta del martirio di sette diaconi con il Papa Callisto. Durante lo stesso periodo è Cipriano ad offrire la vita. Gli autori cristiani ci attestano come il martirio era tenuto in altissima considerazione, quasi come un memoriale della passione di Gesù. Ogni anno, durante il dies natalis di ciascun martire, ci si recava presso la tomba per celebrare il *refrigerium*[93] con l'ascolto della Parola di Dio e la preghiera e la celebrazione eucaristica. Durante questi momenti, durante la liturgia si leggevano le gesta dei martiri. Per ciò che concerne il culto delle tombe vi era, per i martiri una maggiore attenzione nelle scritte commemorative e negli addobbi alle tombe. Alcune tombe saranno trasformate in veri e propri luoghi di culti, anche basiliche divenendo mete di pellegrinaggi[94]. Un impulso successivamente sarà dato dal culto delle reliquie. I corpi venivano traslati per evitare l'incuria per la trascuratezza verso alcune tombe poiché i martiri erano sepolti lontano dalla città. Le traslazioni dei corpi saranno maggiori durante le invasioni di popoli stranieri per evitarne la profanazione. Nelle varie chiese, soprattutto in quella romana ,si definiranno calendari abbastanza precisi già verso la fine del IV secolo. Successivamente prenderà forma una vera e propria letteratura agiografica con gli atti dei martiri chiamata *Passiones* integrata nella liturgia con un linguaggio più leggendario che storico. Nelle chiese prima si diffonde l'invocazione ai maritiri e dopo la loro memoria entra nella Preghiera Eucaristica, come conferma il Canone Romano nella nostra celebrazione eucaristica. Anticamente solo le reliquie dei martiri venivano messe negli altari per la consacrazione, usanza che

[93] Pasto funebre che metteva in relazione i vivi con i martiri in una comunione spirituale. È una tradizione già presente nel paganesimo a cui la chiesa ha dato un nuovo significato.
[94] Cfr. Paolinus Nolanus, *Carmen 26*, v.387-388; Prudentius, *Peristephan. Hymn.XI*, v.195-210

successivamente verrà allargata agli altri santi. Oggi ci sono martiri di tutti i continenti che la Chiesa offre come modello ad ogni cristiano. Il martirio è stato sempre presente nella storia, oggi più che nei primi secoli. I santi e le sante. I martiri sono figure che mostrano il vero volto di Dio che è amore e il vero volto dell'uomo, immagine e somiglianza di Dio. Loro sono il segno di come l'amore vince la morte. Anche l'oggi continua ad avere i suoi martiri. Il mondo non tollera oggi la verità del vangelo. Oggi ci sono più martiri che nei primi tempi della Chiesa. Quanta persecuzione nel mondo di oggi! Fare memoria dei martiri aiuta a prendere coscienza di quello che oggi la Chiesa sta vivendo. La vita cristiana è seguire Gesù e i martiri ci mostrano come si segue lui fino in fondo.

Tutti i cristiani nella liturgia possono vivere uniti alla Chiesa dei martiri. Il mondo odia i seguaci di Gesù perché prima ha odiato Lui[95]. Con i martiri, tanti cristiani di oggi soffrono persecuzioni . Ancora oggi in India, Nigeria e tanti paesi arabi, ogni giorno i cristiani vengono uccisi in odio ala fede in Cristo.

Con la fine delle persecuzioni dopo i martiri furono commemorati i confessori della fede. Dopo di loro si aggiunsero le vergini, i monaci, i pastori e i dottori della Chiesa.

6.3 Il culto Mariano

È dalla solenne proclamazione del dogma della divina maternità di Maria ad Efeso, nel Concilio del 431 che ha inizio un vero e proprio culto mariano che sarà inarrestabile. Gesti già presenti a livello popolare troveranno un vero e proprio riconoscimento liturgico.

Il 1 gennaio è il giorno dell'ottava e si celebra Maria, Madre di Dio. Del Concilio tenutosi a Costantinopoli il 381 è l'espressione del Credo: *Per noi uomini e per la nostra salvezza è disceso da cielo, si è incarnato dallo Spirito santo e da Maria vergine e si è fatto uomo.*

---

[95] Cfr. Gv 15, 18-21

Questa antichissima professione di fede ha un valore importantissimo perché è la sintesi della relazione madre- Figlio nel modo e nella partecipazione al mistero dell'incarnazione. Inoltre possiamo riscontrare anche la relazione tra Maria e lo Spirito. Nel Concilio di Efeso, nel 431, Maria è definita *Theotokos* (Madre di Dio) grazie all'approfondimento dei padri. È importantissimo il contributo di Cirillo che così si esprime :

«Questo predica la dottrina della fede più sicura; questo troviamo che abbiano ritenuto i santi padri: infatti non dubitarono di chiamare la santa vergine Theotokos, *non nel senso che la natura del Verbo e la sua divinità abbiano avuto dalla s. Vergine il principio della loro origine, ma che avendo tratto da lei quel sacro corpo perfezionato dall'anima intelligente, al quale il Verbo di Dio era unito secondo l'ipostasi si dice nato secondo la carne»*[96].

Anche il Concilio di Calcedonia sottolinea il legame tra Madre e Figlio secondol'umanità confermando pienamente nella dottrina il contributo teologico del precedente Concilio di Efeso.

Il Concilio Vaticano II non dedica a Maria nessun documento, ma sottolinea la sua grandezza nella Lumen Gentium[97]. Il culto da riservare a Maria, ricorda il Concilio, deve essere soprattutto di tipo liturgico. A Maria è riservata una venerazione tutta particolare rispetto a tutti i santi, che non deve scadere mai in adorazione, culto che spetta soltanto alla Trinità nelle sue persone. La Madonna subito dopo la Trinità il primo posto nella liturgia. Ci sono molte feste dedicate alla Madonna le quattro più importanti sono *l'Immacolata Concezione,l'Annunciazione, la Madre di Dio, l'Assunzione.*

Parlando di Maria si dovrebbero fare delle chiare distinzioni.

---

[96] IL testo è della seconda lettera di Cirillo al Concilio di Efeso (431 d. C.).

[97] La figura di Maria è approfondita soprattutto ai cap. 7-8 e nei cap. 63-64 parlando del rapporto tra la sua divina maternità e la maternità della Chiesa.

La liturgia prende in considerazione la figura di Maria partendo dai testi biblici. La Maternità straordinaria di Maria[98] si può già ben evidenziare nel Vangelo di Matteo. Più che Matteo però è l'Evangelista Luca che mette in risalto la grandezza di questa donna. Per Luca infatti, Maria è sintesi di Israele e segno dell'inizio del Regno di Dio. In Luca troviamo il racconto dell'annunciazione[99] e la visitazione con il cantico del Magnificat[100]. Maria è vista come il tempio di Dio, il cui compito sarà molto gravoso visto la sua condizione di donna incinta prima del completamento del matrimonio, secondo le usanze ebraiche dell'epoca.

L'evangelista Giovanni è colui che approfondisce la presenza della Madre. I riferimenti sono il racconto di Cana[101] e la presenza di Maria ai piedi della croce[102]. Fa risonanza a parte un testo del libro dell'Apocalisse[103]. In questo testo si parla di una donna che è identificata dagli esegeti come il popolo messianico che è la Chiesa. Il fiume d'acqua richiama il caos primordiale che vuole distruggere la chiesa. L'interpretazione di questo testo alla luce di Maria è da intendersi come interpretazione tipologica. Maria è il tipo della chiesa, il suo grande segno nel quale si realizza la volontà di Dio e viene diffuso il suo amore. Il dato biblico mette in risalto come Maria ha ricevuto una grazia di particolare adozione il cui contenuto è Cristo stesso. Elemento di non secondaria importanza è l'abbandonarsi nella fede totale alla volontà di Dio.

È risaputo come le chiese protestanti accusano il culto cattolico per delle esagerazioni che non sono di natura biblica, proprio sulla Madonna. Riporto qui un esempio:

---

[98] Per approfondire la figura di Maria sottolineo la lettura di I DE LA POTTERIE, *Maria nel mistero dell'alleanza,* Marietti, Genova, 1988 dell'enciclica *Redemptoris Mater* di Giovanni Paolo II dove Maria è presentata come la pellegrina della fede per il cammino della Chiesa tutta.

[99]Cfr. Lc 1, 26-38.

[100] Cfr. Lc 1, 39-56.

[101] Gv 2, 1-12.

[102] Gv 19, 25-27.

[103] Cfr. Ap 12

"Il culto di Maria rivela la sua coerenza interiore, la logica del suo sviluppo e la sua natura squisitamente cattolica: ma è il cattolicesimo nel suo aspetto deteriore, non cristiano, che esprime sempre più consapevolmente il suo sviluppo"[104].

Per comprendere Maria evidentemente nella liturgia non dobbiamo solo rifarci alla Sacra Scrittura ma anche alla Tradizione della Chiesa, che ispirata dalla Parola approfondisce la teologia. Bisogna ricordare che lungo la storia c'è un apporto di scritti che formano una dottrina mariana già dai primi due secoli. Un contributo viene dato dagli scritti apocrifi; c'è inoltre un approfondimento teologico tipologico tra la figura di Maria ed Eva che trae ispirazione dagli scritti paolini.

La patristica approfondirà la figura di Maria *Sempre Vergine e Tutta Santa* come anche *il destino finale di Maria* con i concili dei primi secoli.

Una solennità mariana molto sentita è la festa dell'Immacolata Concezione che è il segno, per tutta la chiesa, di come l'amore eterno di Dio incontra l'umanità per redimerla. L'Immacolata infatti è lo splendore della grazie e della santità per l'umanità, così com'è nella mente e nel cuore di Dio. Ella è il modello della Chiesa e della creazione nuova.

Maria è il modello del cammino per la vita spirituale[105], come afferma il Concilio Vaticano II con questa affermazione: *la beata Vergine ha avanzato nel cammino di fede*[106].

Maria è celebrata in maniera tutta particolare nella festa liturgica dell'Annunciazione. Mi piace sottolineare questa festa con le parole di S. Agostino: *L'angelo annuncia, la Vergine ode, crede e concepisce: la fede nella mente e Cristo nel grembo*[107].

---

[104] G. MIEGGIE, *La Vergine Maria. Saggio di storia del dogma,* Claudiana, Torino, 1950, 215.

[105] Cfr. ROMANO GUARDINI, *La Madre del Signore. Una lettera con un abbozzo di trattazione,* Morcelliana, Brescia, 1989.

[106] *Lumen Gentium*, 58.

[107] AGOSTINO, *Sermo 13 in Nativitate Domini,* PL 38, 1019.

CAPITOLO VII

La liturgia delle Ore: voce di Cristo e della Chiesa

Per ore si intendono i vari momenti di preghiera, scanditi durante la giornata, della preghiera del salterio. Le ore sono: l'Ufficio delle Letture, le Lodi Mattutine, l'Ora Media (terza, sesta e nona), i Vespri, la Compieta.

I momenti principali della liturgia delle ore sono le lodi mattutine ed i vespri. Inoltre il salterio comprende anche l'Ufficio delle letture, perché comprende due lettura di cui una biblica e l'altra patristica. *Nelle* ore minori, cioè alle 9, alle 12 ed alle 15 (nella liturgia chiamate terza, sesta e nona) c'è la preghiera di Ora media.

A conclusione di giornata la preghiera viene chiamata compieta[108].

La preghiera salmodica era del popolo di Israele prima di essere la preghiera della Chiesa. Gesù ha pregato i salmi facendoli propri, non solo come ebreo ma come senso e significato di tutta la preghiera salmodica. Sulla croce, ad esempio, fa sua questa preghiera. Da Israele, fatta propria da Cristo, la preghiera dei salmi è diventata la preghiera ufficiale della Chiesa.

È la liturgia salmodica che scandisce la preghiera della Chiesa, nei ritmi della giornata e del tempo liturgico. I monaci scandiscono la giornata con sette momenti di preghiera guidati dall'orazione salmica.

Per comprendere i salmi bisogna rifarsi al senso letterale, cristologico, ecclesiale ed escatologico.

Il senso letterale è ciò che intendeva il compositore del salmo mentre scriveva, ciò che viveva, il suo contesto e ciò a cui stava pensando.

Il senso cristologico è la preghiera del salmo fatta propria alla luce di Cristo, della sua esperienza, di ciò che Lui ha fatto. Pensare come il Cristo ha pregato quelle parole facendole proprie.

---

[108] È questa una parola che viene dal latino *ad completorm* per indicare la conclusione della giornata.

Il senso ecclesiologico chiede di pregare il salmo nella Chiesa e con la Chiesa. Allora anche se mi trovo in una situazione di gioia e prego un testo che parla di sofferenza, quella preghiera è mia, perchè nel corpo della Chiesa c'è qualcuno che soffre e tutto ciò mi appartiene.

Il senso escatologico si apre al desiderio di una speranza non ancora realizzata che si compirà pienamente alla fine dei tempi.

I salmi si concludono con la preghiera del gloria che rilegge il salmo in maniera trinitaria, alla luce della rivelazione cristiana.

Le antifone precedono e guidano alla preghiera del salmo. Ogni salmo termina con la preghiera del gloria, al termine della quale si recita nuovamente l'antifona.

Ora media salmo 18 e salmi processionali.

Nelle ore maggiori, con le lodi ,al mattino, ed vespri alla sera ,si recitano il Benedictus e il Magnificat. Il ciclo liturgico della preghiera salmodica è di quattro settimane, nelle quali si recitano tutti i salmi.

All'inizio della preghiera giornaliera fatta con l'Ufficio o le lodi si recita il salmo invitatorio con l'antifona che viene intervallata tra le strofe.

Ogni ora si apre con la frase "*Oh Dio vieni a salvarmi*" di chi presiede la liturgia, con la risposta corale "*Signore, vieni presto in mio aiuto*"[109]. Dopo quest'introduzione viene proposta la preghiera di un inno, con un linguaggio poetico.

Alle lodi ed ai vespri vengono scelti salmi che si adattano alla vita giornaliera del mattino e della sera. Nelle lodi, il secondo testo da pregare è sempre un cantico dell'Antico Testamento, mentre ai Vespri è un cantico del Nuovo Testamento.

Dopo la preghiera dei salmi c'è sempre una breve lettura biblica (è breve alle lodi, all'ora media, vespri e compieta, lunga per l'ufficio delle letture).

Nelle lodi e nei vespri si trovano anche preghiere di invocazione che si concludono, successivamente, con la recita del Padre Nostro. Tutte le ore giungono a conclusione con l'orazione finale.

---

[109] Questa frase è presa dal Salmo 69.

Pregare la liturgia delle ore vuol dire pregare con la stessa voce della Chiesa che si eleva concorde ed unanime verso il suo Signore. La liturgia delle ore ha come riferimento l'anno liturgico per il tempo proprio, le feste, le solennità, i tempi forti ed il tempo ordinario.

Attraverso la liturgia dello ore è il corpo mistico di Cristo, la Chiesa, che eleva il culto gradito al Padre. La Chiesa diviene dunque il luogo del prolungamento della relazione del Padre con il Figlio nel respiro d'Amore che è lo Spirito. Lo Spirito Santo unisce tutti i figli di Dio nella preghiera unanime e per i meriti di Cristo, la Chiesa è guidata verso il Padre. Tutta la liturgia delle ore, essendo preghiera ecclesiale, ha carattere comunitario. Attraverso questa preghiera il tempo è santificato, nel suo ritmo e nelle sue scansioni, ma anche l'uomo si santifica. Nella preghiera delle ore la Chiesa itinerante si unisce alla lode della Chiesa Celeste in comunione spirituale. La Chiesa, sposa di Cristo, si fa sua voce ed eleva al Padre il culto a Lui gradito. Essendo un atto della Chiesa, Popolo Sacerdotale, la liturgia delle ore ha il carattere dell'intercessione e della supplica.

L'importanza e la grandezza di questa preghiera è così riassunta da Sant'Agostino:

«Nessun dono maggiore Dio potrebbe fare agli uomini che costituire loro capo il suo Verbo, per mezzo del quale ha creato tutte le cose, e a lui unirli come membra, così che egli fosse Figlio di Dio e Figlio dell'uomo, un solo Dio con il Padre, un solo uomo con gli uomini. Così, quando pregando parliamo con Dio, non per questo separiamo il Figlio dal Padre e quando il Corpo del Figlio prega non separa da sé il proprio Capo, ma è lui stesso unico salvatore del suo Corpo, il Signore nostro Gesù Cristo Figlio di Dio, che prega per noi, prega in noi ed è pregato da noi. Prega per noi come nostro sacerdote, prega in noi come nostro Capo, è pregato da noi come nostro Dio. Riconosciamo dunque in lui le nostre voci e le sue voci in noi»[110]

---

110 S. AGOSTINO, *Enarrationes* in ps. 85, n. 1: CCL 39, 1176.

La liturgia delle Ore può essere pregata anche durante la celebrazione eucaristica ma anche quando tale preghiera non viene fatta comunitariamente è sempre ecclesiale ed il singolo prega a nome di tutta la Chiesa.

CONCLUSIONE

La nostra vita ha una fine anche se ci diamo tanto da fare[111], ma c'è qualcosa che non finisce, la vita eterna, quella di Dio che ci è stata donata misticamente attraverso il Battesimo e che continua nella comunione dei santi. Nella liturgia, con i fratelli, si condivide tutta l'umanità come il proprio peccato, la propria fragilità, ma anche il desiderio del rinnovamento interiore, l'anelito a far operare la grazia di Dio. La liturgia è un luogo umanissimo, è esperienza del Dio che viene. Accogliendo l'umanità della liturgia si accoglie il mistero della fede.

Ogni riunione liturgica ci fa importanti. La grazia di Dio ci dona la coscienza di essere figli, amati, santi, re, profeti. Lo Spirito ci rende capaci di essere annunciatori della Parola che abbiamo ricevuto, ci consacra popolo sacerdotale. Anche se possiamo mostrarci sicuri al mondo, tutti abbiamo bisogno della grazia di Dio. Allo stesso modo ognuno di noi è prezioso, Dio è colui che sa ascoltare e comprendere ogni nostro anelito. Come nel mondo i figli sono sempre tali, al di là delle separazioni o divisioni familiari, così alla presenza di Dio siamo dinanzi al nostro Padre d'immenso amore, al di là delle nostre predisposizioni spirituali e condizioni morali. Nella liturgia contempliamo come Dio è misericordioso con la propria immagine . La liturgia porta il fuoco dello Spirito che è sempre giovane, la luce della Sapienza che è il Figlio, in un profumo soave che sale al Padre come sacrificio gradito. Attraverso la liturgia, Dio si impegna nella sua Parola di Alleanza, non viene meno al suo patto, al suo impegno di amicizia. La risposta dell'uomo a tale promessa è impegnarsi con la parola della fede, riscoprendo, in tale fedeltà, la propria dignità. L'umanità ferita, partecipa alle sofferenze di Gesù per partecipare alla sua gloria, perchè come nel dolore, il Signore ci ha mostrato il suo cuore,così, allo stesso modo è riconoscendo le nostre ferite che possiamo avvicinare a Lui il nostro spirito. I santi, in comunione con gli uomini, sono coloro che hanno realizzato tale fedeltà sulla terra ed ora intercedono perchè la gloria divina a loro donata

---

[111] Cfr. Mt 6,27.

sia, a tempo debito, la nostra gloria non più nell'ombra della fede, ma nella luce della visione. La liturgia rende efficace ciò che celebra lì dove trova un cuore disponibile, la porta del cuore aperta. L'amore più grande: è questa la misericordia nella quale siamo immersi liturgicamente.[112] Sperimentiamo l'amore incondizionato ed infinito di Dio nel nostro spirito attraverso la comunione ecclesiale. Molti pensano che comprendere la liturgia è difficile, non vale la pena neppure provarci perchè è cosa per teologi o al massimo per preti. Si crede talora che la liturgia non appartiene alla vita concreta di un semplice battezzato. Per il fatto che tutti sperimentiamo che gli stessi ostacoli spesso ci fanno progredire, credo che ogni difficoltà che si possa incontrare debba essere letta in chiave positiva come opportunità per crescere nella conoscenza che nella liturgia coincide con l'immersione nell'amore eterno di Dio. Taluni si sentono scartati perchè non comprendono parole come mistagogia, eucologia o altro. Nella liturgia, in quanto linguaggio della redenzione e della santificazione, non ci sono mai esclusi, ma sempre figli di Dio che il Padre è contento di amare, non per ciò che fanno, ma per ciò che sono. Noi riceviamo vita attraverso il creato che conosce la corruzione e la morte, la liturgia è la vita ricreata dallo Spirito che ci farà partecipare alla gloria che è solo gioia, felicità che non conosce nè lutto nè morte. La liturgia ci permette la vera conoscenza di noi stessi, la nostra dignità. Ci aiuta a comprendere chi siamo veramente, ci ridona la vera dignità del nostro essere spesso offuscato dalla pesante coltre del male fatto o ricevuto. Tante volte sappiamo le cose da fare durante la giornata, conosciamo il giusto modo di comportarsi, comprendiamo chi siamo dinanzi a qualcuno, ma fondamentalmente rischiamo di non conoscerci. È a contatto con il Signore, attraverso la liturgia, che scopriamo chi siamo, che incontriamo il bene ed impariamo dove attingere il meglio per la nostre esistenza. Tanti corrono dietro le cose per cercare la felicità. La beatitudine è il frutto dell'incontro con Dio, è il dono della sua vita eterna. La liturgia ci comunica questa felicità che si può sperimentare dentro, aprendo al Signore il sepolcro del proprio cuore, allo Spirito che risorge alla vita nuova. " *Dio ha messo il suo amore nei nostri*

[112] Cfr. Gv 15, 13

cuori"[113]; incontriamo quest'amore che non è semplice rito ma incontro attraverso l'azione liturgica nella quale il risorto continua ad offrire se stesso. La liturgia dona uno sguardo nuovo verso gli altri, verso il mondo e verso se stesso. Tale sguardo diviene luminoso della luce increata da Dio. È importante allora fare un discorso, in coscienza, sulle priorità. Quale attenzione do alla vita liturgica? La relativizzo in nome della stessa carità o è realmente la fonte a cui attingo? Credo veramente che la liturgia sia il culmine della vita cristiana o mi fermo soltanto alla sua parte rituale? Dio è abbraccio misericordioso e come gli uomini usano le braccia, così lui si fa vicino a noi attraverso le azioni liturgiche.

La liturgia è un dono di Dio che ci permette di sederci alla sua presenza. Attingere alla salvezza, essere toccati dalla grazia , avere il cuore infiammato dalla sua parola, sperimentare la sua presenza, scoprirsi fratelli di altri uomini e parte vitale di una comunità. La liturgia è esperienza di umanità alta poiché attraverso di essa l'uomo entra in contatto con Dio. Entrare nel mistero della liturgia porta a gustare, sapientemente, l'amore gratuito, la salda fede e la ferma speranza che per l'effusione dello Spirito sono donati alla nostra vita.

La liturgia è l'acqua viva, sarebbe un vero peccato andarsi a dissetare in altre sorgenti vuote di acqua[114].

La liturgia è come un oceano, si possono incontrare attraverso di essa, non le meraviglie del mare, ma i "mirabilia Dei", le opere meravigliose del Signore, facendoci partecipare alle grandi e mirabili opere di salvezza che ha compiuto nell'oggi, donandoci qui ed ora la salvezza.

Dio si immerge nel lago della nostra storia e noi siamo immersi nell'oceanica storia di Dio che ci redime, ci purifica e santifica donandoci la sua bellezza ,portandoci a gustare la semplicità. Nella liturgia è sempre festa ed il perdono è di casa. Non è un caso che il perdono è presentato come una festa. Ogni liturgia è festa dell'amore di Dio, è grazia

---

113 Rm 5,5

114 Cfr. Ger 2, 13

poiché gratuità sovrabbondante. È festa perché si può solo gioire. Non bisogna dimenticare che neppure nella celebrazione di un funerale vengono meno il canto e i fiori, elementi tipici della festa, perché nella liturgia si celebra il dono della vita e la morte umana, nella fede, è la pasqua, il passaggio alla vita piena, la vita di Dio.

Allora bisogna lanciarsi nella liturgia, abbandonarsi riponendo la fiducia in Dio, il vero protagonista che collaborando con l'uomo offre la vita. Senza fiducia, prima che mancanza di spiritualità, si resta senza umanità. La fiducia realizza l'uomo soprattutto se è orientata a Dio. La liturgia è partecipazione anche del mondo emozionale non in maniera soggettiva, ma nella relazione ecclesiale che si fa esperienza spirituale. La liturgia cattolica è sobria, essenziale e nobile nella sua semplicità. La liturgia nella sua semplicità si fa comprendere da tutti. Essa inoltre è sempre vissuto personale, esperienza unica ed irripetibile, soggettiva, pur conservando totalmente il suo aspetto ecclesiale. Allora immergiamoci negli abissi della Trinità, nell'acqua della Chiesa che ci ha donato la vita divina, dal suo grembo materno. Liberiamoci dai traumi che ci hanno allontanato dalla chiesa per poter riscoprire la familiarità dei figli di Dio, quel vissuto umano che dall'incarnazione e l'ascensione del Figlio appartiene al cielo proprio perché profuma di terra. La liturgia fonte della vita spirituale. È il modo in cui la Chiesa vive di Cristo e per Cristo. Non è scontato vivere la liturgia come una esperienza spirituale. Si può celebrare l'Eucarestia e non vivere dell'Eucarestia. Nessuna chiesa ha mai fatto un rinnovamento così profondo. Occorre predisporre tutto affinché nella liturgia si trovi il nutrimento della vita di fede.

L'opera di Dio appare come un'opera d'arte. La liturgia non ci fa contemplare le opere, ma l'artista facendoci entrare nella sua creatività. La bellezza della creazione tutta è celebrazione del Bello nella liturgia.

Alla luce del bello vi è una relazione profonda tra liturgia e musica sacra.

Pensiamo alla polifonia, al canto gregoriano e recitativo liturgico. Il canto gregoriano è possibile per ogni fedele, poiché è caratterizzato da parti semplicissime, cantabili per ciascun fedele.

Con le liturgie diciamo il volto in cui crediamo. La liturgia di Cristo non deve mai umiliare chi non ha niente. Semplicità non vuol dire sciatteria o pauperismo. La bellezza è intrinseca alla materia, non come realtà cosmetica.

La liturgia esprime con la semplicità dei gesti la bellezza che non si può rappresentare pienamente, è un gustare e contemplare. La liturgia è epifania della bellezza di Dio, bellezza che non può essere racchiusa ma si apre a ciò che lo Spirito, in modo misterioso, può compiere nel nostro cuore. La liturgia ci porta al di là delle idee spingendoci ad un'esperienza inesprimibile che entra nella logica della mistica.

Gli uomini guardano le stelle per orientarsi nel buio. La liturgia orienta l'uomo verso Cristo luce del mondo, ancora di speranza che con il suo Spirito, fuoco d'amore ci orienta al Padre, nell'approdo al porto sospirato della vita eterna.

INDICE

CAPITOLO VI

CAPITOLO VII

Printed by Books on Demand GmbH, Norderstedt / Germany